모든_것은
도서관에서
시작되었다

모든_것은
도서관에서 시작되었다

북유럽 도서관과 복지국가의 비밀

윤송현 지음

학교도서관저널

추천의 글

　우리나라에 도서관학이 도입된 이후 선진국의 도서관 얘기는 대부분 미국, 영국, 일본 등의 도서관 모습, 운영 방법, 발전 과정에 관한 것들이었다. 그런데 이 책의 저자는 오랫동안 세계 최고의 사회복지 현장과 교육 현장에 깊은 관심을 두고, 10여 차례 북유럽 나라들을 탐방하며 연구하다가 그 뿌리에 도서관 운동이 함께했음을 알고는 눈을 크게 떴다.
　제1부에서 저자는 북유럽 여러 나라의 도서관이 제공하는 놀라운 서비스를 소개하고 있는데, 우리나라 도서관인들의 안목을 넓히는 데 큰 도움이 되리라 믿는다. 저자의 궁극적인 탐구 욕구는 제2부에서 본격적으로 펼쳐진다. 과거 척박했던 환경에서 독서 문화가 일찍이 형성되었던 역사적 배경은 무엇이며, 민중도서관 그리고 성인학습 확산이 세계 으뜸의 복지제도와 어떤 관련성을 지니며 전개되었는지 그 분석이 매우 흥미롭다.
　저자는 북유럽 근대화 과정에서 사회운동가, 노동조합 활동가, 계몽운동가들이 민중의 학습과 계몽에 많은 노력을 기울였다는 점에 주목한다. 특히 스웨덴에서는 19세기에 노동운동 세력과 절제운동·교회운동 세력이 모두 책 읽기와 학습을 통한 계몽으로 민중의 삶을 개선하려 노력하였고, 이 과정에서 노동도서관 등 다양한 민중도서관people's library이 생겨나고 발전하였다. 20세기 초에 이르러 '민중도서관지원법'을 만들고 정부 지원책이 시행되면서 사회적으로 도서관 문화의 굳건한 토양이 형성되었음을 밝히고 있다. 그 후 미국에서 전파된 근대 '공공도서관' 제도가 이들을 흡수하여 오늘날 도서관의 꽃을 활짝 피우고 있지만, 한마디로 "북유럽의 공공도서관 운영체제는 미국의 양식을 따르되, 운영 철학은 민중도서관의 전통에 뿌리를 두고 있다"고 설명한다. 사회복지·리터러시·도서관이 서로 연계되어 있음을 규명함으로써 우리 도서관계에 큰 울림을 주는 책이다.

이용남(한성대 명예교수)

이 책은 북유럽 도서관 이야기이다. 세계에서 도서관 시스템이 가장 잘 갖춰져 있고, 시민들도 도서관을 가장 많이 이용한다는, 그 북유럽 도서관의 새로운 모습, 새로운 이야기, 새로운 서비스에 대한 이야기를 들려준다.

그러나 저자는 도서관만을 이야기하지 않는다. 오랜 시간 북유럽의 현장을 답사하며 한때 유럽의 변방이었던 북유럽이 복지국가로 나아갈 수 있었던 동력이 무엇인가를 탐구한다. 나아가 읽기 혁명이기도 했던 종교 개혁부터, 스웨덴과 덴마크의 교육 개혁, 핀란드의 평등과 신뢰의 문화도 함께 살펴본다. 이를 통해 도서관을 중심으로 만들어지고 유지되는 독서문화, 높은 리터러시, 시민들의 높은 문화적 역량이 바로 민주주의의 문제라는 점을 밝힌다. 도서관이 민주주의적 훈련과 토대를 쌓아나가는 중요한 기지이며, 도서관 운동이 민주주의 기반을 강화하는 과정이었음을 말하고 있다.

이 책은 도서관을 중심으로 이야기하고 있지만, '좋은 사회'로 나아가기 위해 개혁적인 시민운동이 어떻게 전개되어야 하는가를 이야기하는 책이기도 하다. 개인이 행복할 뿐만 아니라 공동체가 원활하게 돌아가는 사회, 즉 보편적 복지국가로 나아가는 길은 어떻게 가능한가. 왜 도서관이 북유럽 정치, 경제, 사회 변화의 중심에 있는 것인가. 어떻게 도서관이 보편적 복지정책의 기반을 이루는 플랫폼이 되어야 하는가. 저자는 우리 사회의 미래를 구상하고 고민하는 모든 이들에게 이런 묵직한 질문을 던지고 있다. 북유럽이나 도서관과 관련된 책은 많지만, 일찍이 이런 책은 없었다.

안찬수 (책읽는사회문화재단 상임이사)

◆

　이 책은 아주 적절한 때를 만난 것 같다. 지방의회 의원이었기도 했고 다양한 시민활동을 해온 저자는 어쩌면 도서관의 공공성이나 공익성을 가장 잘 보여준 분이 아닐까 싶다. 이렇게 공공성과 공익성의 차원에서 도서관 가치와 가능성을 발견하고 책으로 써낸 사람은 많지 않은데, 그 가운데서도 복지국가라는 개념과 연결한 사람은 특히 귀하다. 또한 이러한 생각과 실천 노력이 그냥 보고 들은 정도가 아니라 실제 행정에서, 도서관과 시민사회 안에서 끊임없이 말하고 실행하고자 노력한 결과물이라는 점에서 책의 내용은 더 생동감 있고 실행 가능성이 크다. 시민 모두와 도서관을 둘러싼 모든 영역의 사람들이 이 책에서 보여주는 새로운 인식과 실천의 방식에 대해 함께 진지하게 토론하고 우리의 방식을 만들어낼 수 있기를 기대한다.

　저자는 북유럽 도서관 이야기를 도서관 영역에서 사회 전체의 영역으로 넓혔다. 도서관이 존재하는 이유가 자신의 자원과 활동으로 개인과 사회의 성장을 돕는 것이라면, 마땅히 도서관 스스로도 자신의 사회적 위상과 역할에 대해서 더 깊이 있게 사유하고 실천해야 한다. 그런 점에서 과연 우리도 북유럽처럼 복지국가가 될 수 있는가에 대해, 도서관이 그 길에서 어떤 가능성을 가지는지 도서관 사람들부터 자신의 과거와 현재를 성찰하고 제대로의 미래를 상상해야 한다.

이 책이 그런 노력의 출발이 될 것이다.

정말 우리나라에서도 도서관이 복지국가의 초석이 될 수 있을까? 이 질문에 우리 각자, 그리고 우리나라 도서관들이, 시민들이 자신 있게 대답할 수 있기를 기대한다. 이 책 안에 긍정적 가능성이 들어 있다. 그러니 이 책을 빨리 펼치고 도전적으로 읽기를 권한다. 그리고 만나 뜨겁게 이야기를 나누어 보자.

이용훈(도서관문화비평가, 전 한국도서관협회 사무총장)

여는 글

복지국가로 가는 길, 도서관에서 찾다

아내가 운영하는 작은도서관에 들락거리며 틈나는 대로 아스트리드 린드그렌의 작품을 읽었다. 린드그렌의 작품에는 가난한 농업국가에서 어렵게 살아가는 어린이들 모습이 많이 그려져 있는데, 그중 『라스무스와 방랑자』에는 매우 특이한 장면이 있다. 고아원을 탈출한 라스무스가 방랑자와 함께 강도들에게 쫓기다 한 마을로 숨어들었는데, 마을에는 집들이 모두 비어 있었고 사람들이 한 명도 없었다. 이 텅 빈 마을이 이야기의 전환점이 되었는데, 텅 빈 마을이 있다는 것이 마음에 걸렸다.

2013년 최연혁 교수가 쓴 『우리가 만나야 할 미래』(2012)를 읽고 나서야 스웨덴에 실제로 텅 빈 마을이 많이 있었다는 것을 알았다. 1890년에서 1920년 사이에 스웨덴에는 북미 대륙으로 떠나는 이민 붐이 있었다. 남부여대하여 떠난 이민자가 당시 스웨덴 전체 인구의 4분의 1에 이를 정도로 많았고, 마을 주민 전체가 떠난 곳도 많이 있었다. 세계를 선도하는 복지국가로 자리 잡은 스웨덴은 1900년대 초만 해도 그렇게 살기 어려운 나라였다는 것이 나의 호기심을 자극했다. "스웨덴은 어떻게 복지국가가 된 것일까?"

그해 여름 동료 시의원들과 함께 스웨덴에 첫발을 디뎠다. 스톡홀름에서 최연혁 교수의 강의를 듣고 복지 현장을 둘러보았다. 사회복지 현장을 찾아다니며 높은 수준의 복지정책과 그 속에서 안정감을 갖고 살아가는 사람들의 모습을 자세히 살펴보았다. 거동이 불편할 때 자신의 집에서, 또는 요양시설에서도 자신이 사용하던 물품을 그대로 옮겨 놓은 각자의 방에서 돌봄을 받는 노인들 모습은 다인실에서 최소한의 프라이버시도 보호받지 못하는 우리의 노인들과 비교가 되었다. 사회의 모든 이면에 그런 수준 높은 복지 시스템이 작동하고 있었다.

그리고 귀국 길에 핀란드 헬싱키 공항에서 나는 동료들과 헤어져 다시 스웨덴으로 돌아갔다. 호스텔 다인실 침대 하나에 캐리어를 던져놓고, 최연혁 교수의 책에 소개된 곳을 혼자 돌아다녔다. 국회도 가보고, 노동조합총연맹Lo에도 가보고, 역사적인 노사협약이 이루어진 살트셰바덴에도, 총리가 매주 목요일 노사정 대화를 했다는 하르프순드에도 가보았다. 그런데 도시든 시골이든 가는 곳마다 도서관이 있다는 것이 인상 깊었다.

그 뒤 "북유럽은 어떻게 복지국가가 되었는가?" 하는 의문을 풀기 위해 북유럽에 관한 많은 자료와 책을 찾아 읽었다. 그리고 2015년 가을부터 북유럽 현장을 다니기 시작했다. 사회복지 관계자들과 함께 북유럽 복지 현장을 둘러보는 탐방을 다니고, 시민단체 활동가들과 함께 북유럽의 정치·사회 현장을 둘러보고, 도의원들과 함께 교육 현장을 둘러보았다. 그리고 돌아와서는 현장에서 챙겨온 자료들을 정리하고, 원서를 구해 읽으며 꼬리를 무는 의문을 파헤쳐나갔다. 그중에서도 도서관 활동가들을 안내해서 북유럽의 이름난 도서관들을 둘러본 경험은 특별했다.

도서관만 찾아다녀도 좋은 여행이 되었다. 가는 곳마다 새로웠다. 몇 군데를 다녀보고 나니 다음에 갈 곳은 어떨까 기대하게 됐고, 틀림없이 새로운 모습, 새로운 이야기, 새로운 서비스로 맞아주었다. 가는 곳마다 작은 탄성을 지르며 하나라도 빠트릴세라 구석구석 사진에 담았고, 설명을 해주는 사서의 이야기를 귀담아들었다. 혼자 다닐 때는 도서관이 참 잘 꾸며져 있다고 생각하는 정도였는데, 도서관을 방문해 사서들로부터 자세한 이야기를 들으면서 생각이 많아졌다. 북유럽은 세계에서 도서관 시스템이 가장 잘 갖춰져 있고, 시민들도 도서관을 가장 많이 이용하고 있다는 것을 알게 되었다.

"도서관은 책이 아니라, 사람을 위한 것이다." 처음 방문한 핀란드 탐페레중앙도서관에서 린드베리 피르코 관장의 설명을 들으며 정신이 번쩍 들었다. 도서관은 책을 열람하고 대출하는 곳이라는 생각했는데, 피르코 관장은 "장서는 도서관의 많은 서비스 중 하나일 뿐"이라고 이야기했다. 그러고는 "도서관은 그것이 속한 사회에서 시민의식을 형성하고, 모든 사람이 자유롭고 동등하게 이용할 수 있게 하는 중요한 과제를 갖고 있다"고 하였다. 도서관의 존재 이유와 사회적 역할에 대해 생각해볼 메시지를 던져준 것이다.

오래도록 정치제도나 노동정책, 경제정책, 복지정책을 통해서 '북유럽을 변화시킨 동력은 무엇인가? 어떻게 그런 문화가 만들어졌는가?' 하는 의문을 풀기 위해 공부를 했는데, 북유럽 도서관을 자세히 알고 역사를 읽으며 그 실마리를 찾았다.

1900년 전후 북유럽의 근대화를 주도한 사람들은 독서운동부터 시작하였다. 계몽을 통해 근대적인 시민의식, 자주의식을 갖게 하여 정당한 권리를 주장하고, 소득을 증대하고, 생활을 개선하게 하려는 의도였다. 복지국가를 향한 모든 사회 개혁 과정에 도서관이 시민의식의 함양이라는 굳건한 토대를 쌓아올리는 역할을 하였다.

나의 이야기는 북유럽 구석구석을 돌아다니고, 도서관을 찾아다니며 보고 들은 것이다. 돌아와 자료들을 찾아보며 현장에서 들은 이야기들을 보충하는 과정에서 찾아낸 것들이다. 그동안 북유럽에서 다녀본 도서관이 80여 곳에 달한다. 여러 번 방문한 곳이 많다. 그 도서관의 특징들을 몇 가지 테마로 정리해서 소개해주고 싶다. 어디를 가서 새로운 것을 보면 그런 시도들이 이루어진 과정에 호기심을 갖는 편이다. 역사를 알아보고, 기획서를 찾아서 눈에 보이는 것에 담겨 있는 의도를 이해하려고 노력했다. 그렇게 해서 알게 된 것들을 들려주고 싶다.

'북유럽에서는 언제부터 왜 도서관을 그렇게 중요하게 여겼는가?' 그런 의문을 갖고 스웨덴 도서관 역사를 읽으면서 자연스럽게 덴마크, 노르웨이, 핀란드 도서관을 넘나들었다. 그런 과정에서 북유럽 도서관의 역사가 곧 복지국가의 역사와 맥을 같이하고 있다는 것을 알게 되었다. 그러면 북유럽 사람들의 독서문화는 어떻게 만들어진 것인가? 다시 꼬리를 무는 의문을 풀기 위해 북유럽 역사를 파헤치고, 교육제도를 파헤쳤다. 그리고, 북유럽이 복지국가로 발전하는 과정에서 도서관이 쌓아올린 높은 시민의식이 어떻게 작동했는지를 되짚어보았다.

많은 도서관을 돌아다니며 도서관은 그 사회의 관심을 그대로 반영한다는 것을 깨달았다. 사회가 추구하는 바에 따라 도서관의 역할과 모습, 서비스는 달라진다.

우리나라에서 근대적인 도서관이 개관한 시기, 모두의 관심은 가난에서 탈피하는 것이었고, 시험을 통해 입신양명하여 안정된 직장을 잡는 것이 최고의 목표였다. 열악한 주거환경 때문에 집에서는 공부를 할 여건이 못 되었다. 도서관도 절대적으로 부족했고, 도서관 열람실마다 새벽부터 가방 줄이 이어졌다. 그런 문화가 지금도 크게 바뀌지 않고 있다. 도서관은 각자도생을 위한 경쟁 공간에서 크게 나아가지 못하는 것이다.

　어느 도시에 새로 도서관이 만들어졌다는 소식을 들으면 챙겨보고, 틈나는 대로 직접 찾아가 둘러보았다. 반가움도 있지만, 안타까움도 컸다. 도서관 입지에서부터 아쉬움이 크다. 외진 곳, 조용해서 좋은 곳에 자리 잡은 곳이 많다. 도서관을 지어놓고는 관리만 하면 된다고 생각한다. 도서관을 도서관답게 가꾸고 운영할 사서를 배치하는 데 매우 소극적이다.『도서관법』에서 공공도서관 관장은 사서로 임면해야 한다고 규정하고 있지만, 현실은 도서관에 대해 무지한 행정직 공무원들이 쉬어가듯이 자리를 차지하고 있는 곳이 훨씬 더 많다. 그런 환경 속에서 도서관의 꿈을 품었던 사서들은 어느덧 무기력한 도서관 관리인이 되어 있다.

　기술이 발전하면 생활 수준은 높아질 수 있지만, 많은 OECD 국가들이 보여주듯이 복지국가가 되지는 않는다. 북유럽이 짧은 기간에 복지국가로 발전하고, 어려움 속에서 복지국가 체제를 유지하고 있는 것은 도서관에서 길러진 높은 시민의식의 힘이라고 단언하고 싶다. 도서관이 복지국가를 만드는 플랫폼 역할을 하고 있는 것이다.

　나의 새로운 이야기가 책 읽는 사회를 위해 노력하는 사람들, 좋은 도서관을 위해 애쓰는 사람들, 복지국가를 꿈꾸는 사람들 모두에게 힘이 되고, 새로운 시야를 열어주는 계기가 되었으면 좋겠다.

감사의 글

최연혁 교수가 쓴 『우리가 만나야 할 미래』는 새로운 인생으로 들어가는 문이었다. 2013년 초에 그 책을 읽고 나는 이전과 다른 사람이 되었다. 꺼져버렸던 새로운 사회에 대한 '희망'을 다시 갖게 되었고, 무엇인가 해야 할 일을 생각하게 되었다. 특별히 감사를 드리고 싶다.

2015년부터 10여 차례 북유럽 탐방을 다녔다. 직접 사회 속으로 들어가야 한다는 고집으로 언제나 대중교통을 이용했고, 수없이 걸었다. 한번은 탐방 기간 동안 걸음 수를 날짜별로 적어서 알려준 분이 있었다. 매일 2만 보 이상 걸었다. 서투른 통역에 불만도 많았을 것이다. 그래도 크게 불평하지 않고 같이해준 모든 동행자들에게 고마움을 전하고 싶다. 그분들과 함께 현장에서 많은 것을 보고 배웠고, 밤마다 모여앉아 이야기를 나누었다.

생생한 대화를 위해 현지 교민들을 자주 만났다. 매번 흔쾌히 시간을 내어준 분들에게 특별히 감사한 마음을 표하고 싶다. 스웨덴에 사는 윤영희 님, 이인자 님, 김민지 님, 김경미 님. 덴마크에 가면 항상 만나는 김희욱 님, 박미라 님. 앞으로도 계속 만날 수 있기를 바란다.

황선준 박사님을 만난 것은 정말 큰 행운이다. 국내에 있을 때는 요청하면 언제나 청주로 달려와 이야기를 들려주셨다. 코로나 팬데믹 중에 귀국하여 청주에 들르셨다. 늘 일깨우고 나아갈 길을 몸소 보여주는 큰 스승이시다. 레나황 여사님은 스톡홀름에서 만났다. 말도 잘 안 통하는 사람들을 앞에 두고 스웨덴 사회를 설명하려 애를 쓰던 모습이 눈에 선하다.

말 그대로 책 읽는 사회를 만들기 위해 언제나 동분서주하는 책읽는사회문화재단 안찬수 상임이사에게 존경과 감사의 마음을 남긴다. 무슨 일을 해도 지지해주고 함께 해주었다. 같이 북유럽 도서관을 쏘다닌 추억이 평생 갈 것이다. 서동민 국장과 간사들에게도 응원을 해주고 싶다.

많은 어려움 속에서도 길을 잃지 않고 한 길을 가고 있는 (사)어린이와작은도서관협회 관계자분들, 특히 박소희, 백영숙 두 분 이사장에게 고마움을 전한다. 전주시립도서관 '우주로' 등 트윈세대 공간 조성을 지원하고, 청소년을 위한 '티티섬' 개관 등 혁신적인 시도를 계속하고, 작은도서관들의 뒷배가 되어주고 있는 도서문화재단 씨앗 김태윤 이사와 직원들에게도 고마움을 남기고 싶다.

청주에서 오래도록 작은도서관을 고민하고 함께해온 분들, 특별히 지금은 시의원으로 활동하는 김용규, 유영경 두 분에게 감사드리고, 20여 년을 함께 걸어온 이종수 참도깨비 관장에게도 존경의 마음을 전한다. 이 글을 쓸 수 있게 힘이 되어준 충청리뷰 홍강희 편집국장, 홍덕문화의집 이나양 관장, 이재숙 청주시의원, 홍석조 변호사에게도 고마움을 전한다.

전주시 도서관 관계자들에게도 고마움을 전하고 싶다. 같이 북유럽 도서관을 둘러보고 난 뒤에 시립도서관을 대대적으로 바꾸고 있다. 꽃심도서관, 삼천도서관에 가보면 이제 시설만큼은 북유럽도서관보다도 훌륭하다고 생각된다.

마지막으로 산만한 촌도리노를 챙겨서 책의 세계에 머물게 해주고, 돈키호테 같은 돌발행동을 품어주고, 새로운 영감을 주고, 뒷배가 되어서 나의 모든 것을 가능하게 해준 초롱이네도서관 오혜자 관장과 사랑하는 딸 초롱이에게 무한한 고마움과 사랑을 꾹꾹 눌러 새겨 놓고 싶다.

2022년 1월
윤송현

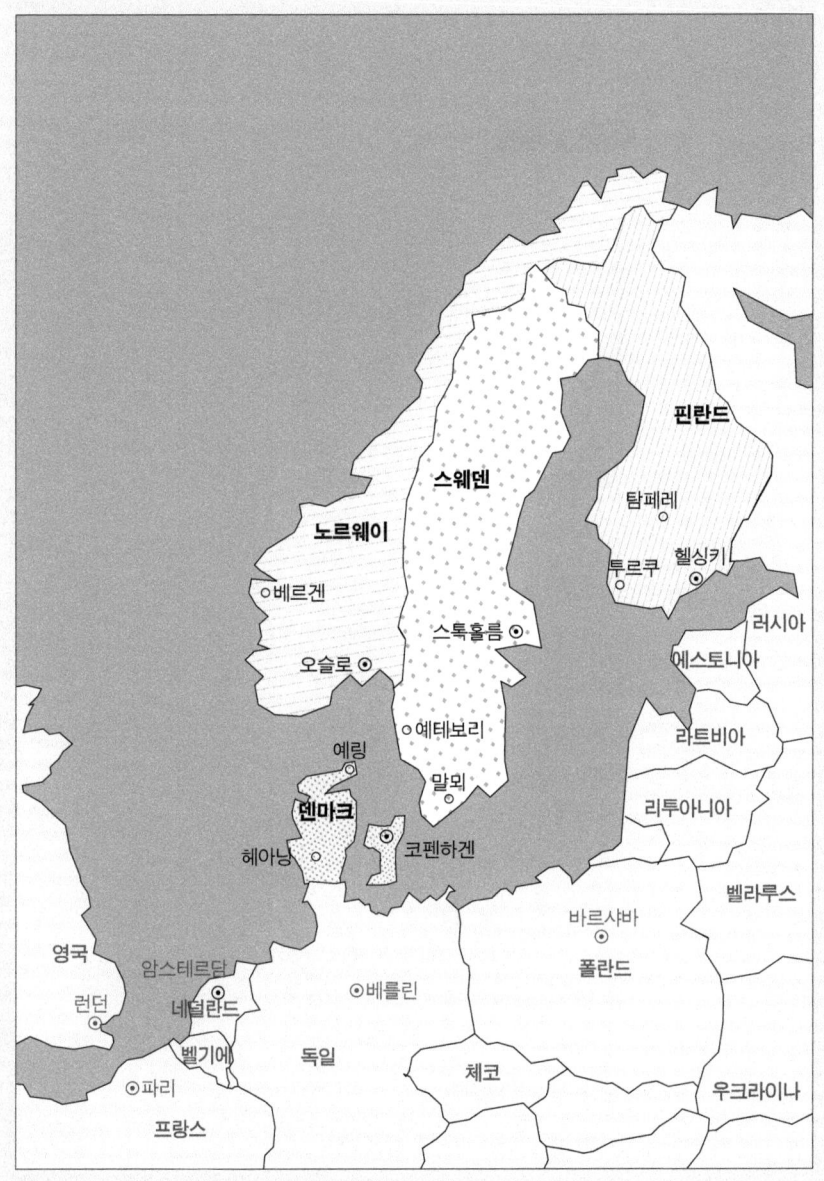

차례

추천의 글 • 5
여는 글_ 복지국가로 가는 길, 도서관에서 찾다 • 10
감사의 글 • 16

<1부> 북유럽의 새로운 도서관

1장 도서관은 마을 한가운데 있다

전철역을 빠져나오자 바로 도서관이 보였다 • 27
스톡홀름을 벗어나도 마찬가지였다 • 30
마을 한가운데에 도서관이 있었다 • 32
쇼핑몰에 자리 잡은 시스타도서관 • 34
중앙광장에 자리 잡은 알미르 새로운도서관 • 39
위치가 중요하다는 것을 보여준 아이디어스토어 • 44
햄릿성과 쿨투어베아프트 • 51
방치된 도심 상가를 도서관으로 만든 헤아닝 • 59
지역개발 사례인 슈페르킬른파크와 네레브로도서관 • 62

2장 도서관은 만남의 공간

천장에서 별이 쏟아지는 도서관 • 69

하나의 지붕 아래, 하나로 연결된 열람실 • 73
유틀란트반도 끝에서 만난 혁신 • 75
도서관을 만남의 공간으로 • 79
서점 같은 분위기를 만든 알미르도서관 • 85
가구와 조명이 분위기를 만든다 • 88

3장 새로운 도서관 서비스

도서관은 책 보관소가 아니다 • 95
네트워크로 서비스한다 • 97
창조를 위한 공간, 메이커스페이스 • 101
스튜디오까지 갖춘 음악 자료 서비스 • 104
장애인이 이용하기 편한 도서관 • 107
이민자를 포용하는 다언어 서비스 • 109

4장 어린이와 청소년에게 다가가다

라테파파를 만나다 • 117
놀이터 같은 어린이 코너 • 120
어린이문학의 판타지 공간, 유니바켄 • 123
이야기 놀이공원, 아스트리드린드그렌월드 • 125
사춘기 어린이들을 위한 티오트레톤 • 128
노르웨이 오슬로의 비블리오퇴인 • 133
말뫼도서관의 발라간 • 138
에너지가 넘치는 세대를 위한 공간, 포인티 • 142

<2부> 도서관 · 리터러시 · 복지국가

5장 **북유럽의 책 읽는 문화**
　책을 가장 많이 읽는 나라, 북유럽 • 149
　북유럽 읽기 문화의 뿌리 • 151
　스웨덴 교육 개혁과 책 읽기 • 157
　덴마크 교육 개혁과 책 읽기 • 163
　핀란드 책 읽기 문화의 비밀 • 169

6장 **스웨덴 – 민중도서관에서 공공도서관으로**
　독서방, 스터디서클 그리고 노동도서관 • 177
　보통선거권 운동과 민중도서관 지원법 • 182
　노르웨이와 덴마크의 도서관 운동 • 186
　민중도서관에서 공공도서관으로 • 188
　북유럽 도서관을 대표하는 스톡홀름시립도서관 • 190
　평등과 민주주의를 구현하는 도서관 • 196

7장 **핀란드 – 후발국가에서 도서관 선진국으로**
　민족 정체성 찾기와 도서관 운동 • 204
　공공도서관이 가장 발달한 나라 • 208
　핀란드의 새로운 명물, 오디도서관 • 211
　미래의 도서관은 어떻게 바뀌어야 하나 • 215
　호수에 둘러싸인 탐페레에 가다 • 218

도서관을 많이 이용하는 도시 • 221
한발 앞서가는 탐페레도서관 • 223
탐페레의 분관, 삼폴란과 리에라흐티도서관 • 227

8장 도서관과 복지국가

도서관 운동에서 시작하다 • 237
도서관과 민주주의 • 239
계급대결에서 계급포용으로 • 243
노동조합이 주도한 평등사회의 길 • 246
도서관에서 시작된 여성운동 • 250
높은 시민의식이 만들어낸 협력정치 • 254
복지정책의 핵심, 연금제도의 정착 • 257
정치적 위기에서의 선택 • 261
투명한 정치와 사회적 신뢰의 선순환 • 265
복지국가를 지키는 힘, 창의적인 문화 • 270

닫는 글_ 보편적 복지국가의 기반을 만드는 길 • 275
참고도서 • 282

<1부> 유럽의 새로운 도서관

1장
도서관은 마을 한가운데 있다

전철역을 빠져나오자 바로 도서관이 보였다

보르비Vårby 역이었다. 전철 종점이 가까운 도시 변두리였는데, 역 앞에 도서관이 있다는 것이 끌렸다. 슬며시 도서관 문을 밀고 들어가 보았다. 바로 열람실이 이어졌다. 지레 조심을 했다는 부끄럼이 들 만큼 막아서는 것도, 신경 쓰는 사람도 없었다. 도서관 내부는 하나의 넓은 홀이었고, 아담한 높이의 서가만 공간을 가르고 있었다. 변두리 작은 도서관이라 그런가 싶었다. 낯선 도서관 모습을 신기한 구경하듯 둘러보고 슬그머니 도서관을 빠져나왔다. 따뜻하고 편안한 느낌의 도서관이었지만 다른 무엇보다 전철역 앞에 도서관이 있다는 것이 인상적이었다.

애초 목적지는 스코르홀멘Skärholmen 역이었다. 딴 생각을 하다가 그만 두 정거장을 더 지나친 것이었다. 스코르홀멘역에 내려 이케아 매장에 가보려던 참이었다. 스웨덴에는 세계적인 기업들이 많이 있는데, 이케아도 그중 하나이다. 본토에 있는 이케아 매장은 어떤 모습일까 둘러보고 싶었다. 그런데 스코르홀멘역에 내려서도 도서관을 먼저 둘러보게 되었다. 역을 나오자 바로 도서관이 있었던 것이다. 스코르홀멘역은 쇼핑타운 중심에 있었는데, 도서관이 그 한가운데 있었다.

돌아오는 길에 이번에는 전철역마다 주변을 살펴보았다. 버스나 전철, 기차를 얼마든지 이용할 수 있는 정기권 교통카드를 갖고 있다는 것도 뭔가 확인해보고 싶은 욕구를 자극했다. 두 정거장 만에 내린 브레됭스Bredängs에서는 역 밖으로 나갈 필요도 없었다. 역 건물 안에 도서관이 있었다. 다음에는 네 정거장을 지난 곳에 있는 아스푸덴Aspudden 역 부근 도로변에 공공도서관이 있었다.

 숙소 근처인 호그달렌역에 도서관이 있다고 해서 찾아가 보았다. 스톡홀름 남부 베드타운인 호그달렌 지역 중심부에 전철역이 있고, 역사 2층에 스톡홀름시립도서관 분관이 있었다. 마을 한가운데에 있어서 위치도 좋고, 주민들이 일상적으로 이용하는 전철역에 있어서 더 좋았다. 개찰구 옆에 있는 에스컬레이터를 타면 도서관으로 이어

스톡홀름 호그달렌도서관. 마을 한가운데 전철역이 있고, 역 2층에 도서관이 있다. 역 출구 옆에 도서관으로 가는 에스컬레이터가 있다. ⓒ윤송현

스톡홀름 세르겔광장. 앞에 보이는 건물이 6개의 도서관이 있는 쿨투어후셋이다. ⓒ윤송현

진다. 도서관은 넓지 않지만, 공공도서관으로서 갖출 것은 모두 갖춘 콤팩트형이었다. 예전에는 다른 곳에 있었는데, 전철역이 만들어지면서 도서관을 옮겨왔다고 했다. 도서관 입구에는 도서관이 문을 닫은 시간에도 출퇴근하는 사람들이 이용할 수 있도록 자동반납기 등 여러 가지 시설이 있었다. 도서관이 주민의 라이프스타일에 맞추어 가는 것이다.

스톡홀름의 모든 길은 세르겔광장으로 통한다. 서울에서는 광화문광장과 같은 곳이다. 왕궁과 의회가 있는 감라스탄이 이어지고, 철도와 지하철 노선이 교차하는 센트럴역이 있는 곳이다. 늘 많은 관광객과 시민들로 붐비고, 크고 작은 정치적 주장을 내세운 집회도 자주 열린다. 지리적으로나 문화적으로나 스톡홀름의 중심이 되는 곳이다. 그 광장을 품에 안고 있는 건물은 쿨투어후셋Kulterhuset, 문화의 집이다. 쿨투어후셋에는 공연장도 있고, 전시공간도 있고, 특색 있는 도서관이 6개나 있다. 일반인을 위한 도서관, 어린이 전용도서관, 10~13세 청소년만 출입할 수 있는 티오트레톤, 14세 이상 청소년을 위한 라바, 만화도서관, 음악영상도서관이 그것이다. 모두 새로운 서비스를 지향하는 창의적인 시도로 만들어진 도서관들이다. 도서관 하나하나가 특별하지만, 스톡홀름의 가장 중심지에 있는 건물을 상업공간이 아닌 도서관으로 채웠다는 것이 인상적이다. 서울 세종문화회관에 공연장만이 아니라 여러 개의 도서관이 있는 것이다. 광화문광장 옆에 커다란 도서관이 있다면 어떨까 상상해봤다.

스톡홀름을 벗어나도 마찬가지였다

기차를 타고 스톡홀름 외곽 바닷가에 있는 살트셰바덴에 가보았다. 여름철이면 스톡홀름 시민들의 휴양지가 되는 곳이다. 1938년 바닷가에 자리 잡은 호텔 회의실에서 기업가 대표들과 노동조합 대표들이 만나 스웨덴에 산업평화를 정착시키고, 복지국가로 나아가는 디딤돌을 놓는 살트셰바덴 협약을 체결하였다. 아무런 표식도 남아 있지 않은 바닷가를 혼자 돌아보고 돌아오는 길에 나카콤뮨 센트룸에 들렀다. 스톡홀름 외곽에 있는 나카콤뮨에 유럽에서 손꼽히는 대형쇼핑몰이 있다고 해서 들러본 것인데 그만 입구에서 발걸음이 멈춰졌다. 입구에 여느 매장과 나란히 문을 활짝 연 도서관이 있었다. 쇼핑몰 통로에서부터 도서관 안쪽이 훤하게 보였다. 멋지게 이어진 서가, 서가 옆으로 소파에 앉아 신문을 읽는 노인들과 커피를 마시며 대화를 하는 여성들이 보였다. 안쪽으로 꽤 넓은 공간이 막힘 없이 이어져 있었다. 간판을 보니 나카콤뮨중앙도서관이었다. '아니, 이런 곳에 도서관을.' 처음에는 '스웨덴이 역시 부자 나라구나' 하는 생각만 들었다.

하루는 스톡홀름에서 멀리 떨어진 시골을 가보기로 하고 아침 일찍 기차를 탔다. 스웨덴 복지국가 기틀을 만든 것으로 유명한 타게 에를란데르Tage Erlander 총리가 목요일마다 노사 대표를 불러 대화를 하였던 곳, 하르프순드Harpsund 별장. 총리가 공을 들인 노사정의 대화 속에 산업평화가 더욱 굳건하게 잡았고, 하르프순드 민주주의라는 말을 만들어내기도 하였다. 김대중 대통령이 IMF의 위기를 극복하기 위해 추진한 노사정위원회도 여기에서 힌트를 얻었다는 이야기를 들었다. 그 하르프순드의 기운을 느껴보고 싶었다.

하르프순드에 가려면 작은 시골 마을인 프렌Flen에서 내려야 한다. 소설 『창문 넘어 도망친 100세 노인』에서 주인공 알란의 고향으로 나오는 곳이다. 그곳에서 버스를 갈아타야 하는데, 버스 시간이 많이 남았다. 마을을 돌아보려고 나섰다가 마을 한가운데 있는 제법 큰 도서관을 맞닥뜨렸다. 기차역이 있기는 하지만 버스도 많이 다니지 않는 작은 마을에 멋진 도서관이라니. 용기를 내어 직원에게 말을 걸어 보았다. 사서이면서 관장인 그는 이방인이 보인 놀라움에 태연하게 "스웨덴은 시골이라도 어디에나 도서관이 있어요" 하고 대답했다.

어디를 가나 마을 한가운데서 생각하지도 않았던 도서관을 만났다. 도서관은 대도시, 그것도 조용한 언덕 위나 산 아래, 사람들이 많이 다니지 않는 외곽 지역에 있는 것이라고 생각하던 나에게는 작지 않은 문화적 충격이었다.

마을 한가운데에 도서관이 있었다

그런 경험이 계기가 되어 북유럽 도서관 탐방을 다니게 되었다. 사람들이 유럽에서 어느 도시를 가나 성당 구경을 다니듯이 도서관을 찾아다녔다. 그것도 멋지고 즐거운 여행이 되었다. 몇 해 동안 북유럽에서 80여 곳이 넘는 도서관을 둘러보았는데, 가장 인상적인 것은 도서관 위치였다. 남부 유럽에서 어디를 가나 마을 한가운데 성당이 있듯이 북유럽에서는 어디를 가나 마을 가운데 멋진 도서관이 있었다.

어디를 가나 도서관은 그 지역 중심지인 센트룸에, 사람들의 일상적인 이동 통로인 대중교통 요충지에 있었다. 시골에 가도 기차역을 중심으로 상가가 만들어지고, 지역을 순환하는 버스터미널이 연결되고, 그 옆에 도서관이 있었다.

알고 보면 북유럽은 도서관의 나라이다. 스웨덴의 수도 스톡홀름은 인구가 70만 명 정도인데, 공공도서관이 43개다. 왕립도서관, 대학도서관, 연구소도서관 같은 특별한 도서관을 제외하고도 말이다. 덴마크의 수도 코펜하겐은 인구가 50만 명 정도인데, 14개의 공공도서관을 운영하고 있다. 핀란드의 수도 헬싱키는 인구 50만 명 정도이고, 주변에 있는 에스보, 반타, 카우이아이넨을 합쳐 인구 100만 명 정도의 생활권을 형성하고 있다. 이 4개의 자치단체에 71개 공공도서관이 있다. 이 도서관들은 모두 공공도서관으로 자치단체의 지원으로 운영되고, 대부분 상당한 규모를 갖추고 있다.

도서관도 많지만 대부분 마을 한가운데에 있다. 마을에서 외진 곳에 돌아앉아 있는 도서관은 찾아보기 어렵다. 도시 외곽에 있던 도서관도 나중에는 도시 한가운데나 대중교통 중심지로 옮겨졌다.

도서관이 마을의 중심에 있는 것, 대중교통 요충지에 있는 것, 주민들 일상생활의 동선 위에 있는 것은 도서관을 완전히 다른 공간으로 만든다. 주민들은 도서관을 수시로 드나들게 된다. 책을 빌리고, 반납하고, 책을 보기도 하고, 아이들에게 책을 읽어주기도 하고, 사람을 만나고, 모임이나 강좌에 참여한다. 출퇴근 시간과 점심시간에는 직장인들이 줄을 잇고, 오전 시간에는 어린이를 동반한 부부들과 시니어 그룹이 많다. 오후에는 학교를 마친 어린 학생들이 여기저기 둘러앉아 이야기를 나누는 모습이 자주 보이고, 이민자들로 보이는 그룹 모임도 자주 보인다. 전시회도 하고, 작가를 초대하여 강연도 하고, 토론회도 한다. 지역 정치인과 함께 지역 현안에 대해 이야기하기도 한다. 그렇게 도서관은 책을 매개로 한 다양한 활동의 장이 되고, 대화의 장이 되고, 생활의 중심이 된다.

　마을 한가운데 자리 잡아 접근성이 좋은 만큼 도서관에 들어가는 데도 아무런 장애물이 없다. 도서관 입구에는 유모차를 세워두는 곳이 마련되어 있다. 도서관 안으로 밀고 들어갈 수 있는 곳도 많다. 휠체어를 탄 장애인이나 활동성이 떨어지는 노인들도 편하게 도서관을 이용할 수 있다.

쇼핑몰에 자리 잡은 시스타도서관

　스톡홀름 북쪽에 있는 시스타Kista는 유럽의 실리콘밸리라고 불리는 곳이다. IBM, 마이크로소프트, 에릭슨 등 1000여 개 정보통신업체와 연구소들이 입주해 있는 산업단지가 있다. 산업단지 맞은 편에는 주거단지가 있고, 산업단지와 주거단지 사이로 전철이 지나간다. 시스타역은 두 지역을 연결해주는 통로이기도 하다.

열차에서 내려 플랫폼을 벗어나면 바로 거대한 갤러리아쇼핑몰로 이어진다. 입점한 상가 수준이 상당히 높은 쇼핑몰이다. 쇼핑몰 중앙 통로에서 상가 간판을 몇 개 읽어보기도 전에 'Bibliotek'라는 글자가 눈에 들어온다. 그리고 짧은 에스컬레이터를 올라타면 곧바로 도서관 한가운데에 서게 된다. 스톡홀름시립도서관 시스타 분관이다. 처음 시스타도서관에 들어섰을 때 느낌을 잊을 수가 없다. 그렇게 번화한 쇼핑몰 한가운데 공공도서관이 있다니! 규모가 작지도 않았다. 전용 면적만 2400제곱미터에 달한다. 쇼핑몰 2층이 전부 도서관인 듯했다. 콜럼버스의 달걀처럼, 눈앞에 펼쳐진 모습을 보면 금방 이해가 되지만 현실에서는 쉽게 생각할 수 있는 것이 아니다. 도서관을 둘러보는 내내 어떻게 도서관을 이런 곳에 만들 수 있었을까 하는 의문이 머릿속을 맴돌았고, 관계자들과 마주 앉았을 때 제일 먼저 쇼핑몰 내에 도서관을 만들게 된 과정에 대해 물어보았다.

시스타도서관은 2014년 갤러리아 쇼핑몰과 함께 개관하였다. 이전 도서관은 오래되어 시설이 낡았고 공간도 좁았다. 특히 이민자들을 위한 서비스를 제공할 수 있는 공간이 절대적으로 부족했다. 도서관을 옮겨야 한다는 논의는 이전하기 10여 년 전부터 진행되었다고 한다. "도서관을 이전하는 논의는 어떻게 진행되었나요?" 하는 물음

시스타역이 있는 갤러리아쇼핑몰 중앙 통로. 2층이 시스타도서관이다. ⓒ윤송현

에 안내를 해준 분은 너무나 당연하다는 듯이 "스톡홀름 도서관 관계자들과 정치인들이 함께 논의해왔다"고 답했다. 새로운 도서관의 입지를 정할 때는 스톡홀름에 있는 43개 시립도서관 관리직들과 시의원들이 같이 논의를 한다는 것이다. 참고로 의원내각제를 기반으로 하는 스웨덴은 우리나라처럼 의회와 집행부가 분리되어 대립하는 구조가 아니다. 시의회 의장이 시장이고, 시의회 상임위원장이 집행부 국장과 같은 역할을 한다. 새로운 도서관은 사람들이 쉽게 모일 수 있고 다닐 수 있는 요지에 만들어야 한다는 원칙에 뜻을 모았다. 특히 의원들은 소득이 낮은 사람과 높은 사람의 재분배, 이민자들의 정착

을 위한 서비스 제공에 비중을 두고, 그 효과를 높일 수 있는 곳을 강조했다고 한다. 결국 시스타역에 쇼핑몰 건설이 논의될 때, 그곳을 최적지로 판단하고 건설 기획 단계에서 쇼핑몰 내 도서관 공간을 장기 임대하기로 결정한 것이다.

갤러리아 쇼핑몰은 시티콘CITYCON이라는 업체가 건설하고 관리하고 있다. 시티콘은 북유럽 여러 나라에서 교통 요지에 40개의 쇼핑몰을 건설하고 관리하는데, 특히 공공도서관을 입점시키는 것에 큰 관심과 노력을 기울이고 있다. 공공도서관이 쇼핑몰에 집객 효과를 가져다준다고 판단하기 때문이다. 공공도서관을 유치함으로써 고객을 불러 모으고, 고객이 쇼핑몰 내에 더 오래 머물게 하여 결국 쇼핑몰 내 상가의 매출을 높일 수 있다는 이상적 판단을 실행에 옮기는 것이다. 자기의 이익만 쫓는 근시안적인 시각을 버리고, 주민의 문화적 수준에 대한 이해를 바탕으로 더 높은 상업적·문화적 서비스를 제공하면서 이익을 함께 추구하는 것이다.

그런 민간 업체의 이해관계에 스톡홀름시립도서관도 함께하였다. 쇼핑몰을 찾는 고객들이 도서관을 방문할 수 있게 하고, 쇼핑몰 내 입점한 여러 상업적인 서비스와 도서관 서비스를 함께 받을 수 있게 하여 결국 도서관 이용을 늘리는 것이다. 도서관은 일상의 동선 속에서 자리 잡게 되는 것이고, 만남의 자리가 되는 것이다. 공공과 민간이 각각 자신의 목적을 더 효율적으로 이루고, 이용자인 주민들에게도 더 큰 만족을 주는 공공도서관과 민간 쇼핑몰의 협업이다.

"임대료가 높아서 부담이 되지 않나요?" 너무 들이대는 것 같지만 꼭 풀어야 할 의문이었다. "임대료는 가능한 한 낮게 협상을 하지만 그래도 높은 편이죠. 그렇지만, 이런 곳에 공공도서관을 짓는다고 생각할 때 건설비와 유지·관리비를 생각하면 오히려 저렴한 편입니다. 게다가 도서관 건물과 시설을 유지하기 위한 인력을 고용하거나 예산을 편성할 필요가 없기 때문에 더 좋습니다." 자신을 도서관 프로듀서라고 소개한 직원이 웃으며 답했는데, 이야기를 듣던 우리는 이구동성으로 "프로듀서라고? 그건 또 무슨?" 하며 꼬리를 물고 질문을 이어갔다.

도서관에서 일하는 사람이라면 시설 관리의 부담이 없다는 점에 크게 공감할 것이다. 아무리 작은 도서관이라도 시설 관리 문제가 발생한다. 웬만한 규모의 건물이라면 시설 담당 직원을 따로 두어야 하고, 시설 보수를 위해서는 예산 확보가 또 필요한데, 예상치 못한 문제가 생기면 대책을 세우기가 어렵다. 대형 쇼핑몰에 입주한 도서관은 도서관 본래 목적 외의 문제를 따로 고민하지 않아도 되는 것이다.

시스타도서관은 2015년에 국제도서관협회연맹IFLA에서 올해의 도서관으로 선정되었다. 위치도 좋지만 프로그램을 기획하고 진행하는 프로듀서가 활동하는 도서관이라는 점에서, 그 프로듀서가 이민자들을 위한 다양한 프로그램과 서비스를 기획하고 진행하고 있다는 점에서 높은 점수를 받았다고 한다. 지금도 연간 70만 명이 방문할 만큼 활발한 지역문화의 거점 역할을 하고 있다.

중앙광장에 자리 잡은 알미르 새로운도서관

네덜란드는 여러 면에서 북유럽 국가들과 공통점이 많다. 문화다양성에 대한 포용성이 높고, 국민들의 독서율이 높다. 19세기에 유럽 제국들이 계몽사상의 전파를 막기 위해 검열을 강화하고 출판을 통제할 때, 네덜란드는 출판을 통제하지 않아 세계의 출판사 역할을 했다. 도서관을 중시하는 것도 마찬가지다. 도심에 중앙도서관이 랜드마크처럼 있는 도시가 많고, 유서 깊은 건물을 도서관으로 만들어놓은 곳도 많다.

네덜란드는 책을 좋아하는 사람들이 여행하기에 좋은 나라이다. 세계 어린이들의 사랑을 받는 꼬마 토끼 캐릭터 미피를 만들어낸 딕 브루너는 네덜란드 사람이다. 위트레흐트에 있는 그의 작업실은 미피뮤지엄으로 변해 있다. 유럽 대륙에서 처음 만들어진 책마을 브레드보르트는 지금도 정기적으로 중고책 시장이 열려 고서를 찾는 이들의 발길을 불러 모은다. 뫼즈강변에 있는 마스트리흐트에도 볼거리가 많은데 세상에서 가장 아름다운 서점으로 꼽히는 성도미니칸서점과 250여 년 역사의 세라믹도서관이 대표적이다. 로테르담은 제2차 세계대전 때 독일의 집중 폭격을 받아 도시가 완전히 파괴되었고, 전쟁 후에 다시 세워진 도시이다. 도시 중심에 자리 잡은 웅장한 로테르담도서관은 꼭 들러볼 만하고, 근처에 있는 스파이케니세도서관은 환경을 생각한 건축으로 잘 알려져 있다. 네덜란드 정치의 중심인 덴하그와 인접한 델프트에도 좋은 도서관들이 많이 있다. 금방 우주로 날아갈 듯한 로켓을 연상시키는 원추형 구조물이 독특한 델프트공대 도서관은 각종 매체에서 빼어난 도서관 건축물을 꼽을 때마다 소개되는 곳이다. 2018년에 국제도서관협회에서 선정하는 올해의 도서관으로 꼽힌 곳은 네덜란드 북쪽 덴헬데르에 있는 스쿨7이다. 이곳은 문 닫은 학교 건물을 도서관으로 재탄생시킨 곳이다.

 책 좋아하는 사람치고 그림을 싫어하는 이가 없다. 네덜란드에 가면 고흐미술관은 당연히 빼놓을 수가 없지만, 고흐 외에도 만나볼 작가들이 많이 있다. 종교개혁 이후 황제의 신교 탄압을 피해 많은 화가들과 지식인들이 암스테르담으로 옮겨왔고, 17세기 네덜란드 미술을 꽃피웠다. 빛의 마술사 렘브란트, 「진주 귀걸이를 한 소녀」를 그린 페이르메르가 대표적이다. 네덜란드에 간다면 시간을 내어 그들의 작품이 소장된 국립미술관, 크뢸러뮐러미술관, 마우리츠하위스를 들러보길 권한다.

 그 많은 곳 중에서 특별하게 소개하고 싶은 곳은 알미르_Almere_의 새로운도서관de nieuwe bibliotheek이다. 암스테르담 중앙역에서 기차를 타면 20분 만에 알미르역에 도착한다. 동행자는 도대체 얼마나 새롭기에 이름을 그렇게 붙였나 꼭 확인해보고 싶다고 했다.

알미르는 1970년대 암스테르담 주택난을 해결하기 위해 저지대를 개척하여 만든 인구 약 20만 명의 신도시이다. 도시 중심에는 광장이 있고, 광장 앞에 도서관이 있다. 옆에 시청사와 메인 상가가 있지만, 도서관 건물이 제일 돋보인다. 광장에서는 특별한 행사가 없으면 늘 이동차량에 의한 마켓이 열리고, 사람들로 북적인다.

광장을 가득 메운 이동마켓 사이를 지나 짧은 에스컬레이터를 타고 올라서면 바로 도서관이다. 커다란 유리문이 활짝 열려 있어 문 앞에서도 도서관 안이 훤히 들여다보인다. 입구에 커다란 피아노가 놓여 있고, 어린 학생이 앉아 오가는 사람들을 의식하지 않고 연주를 하고 있었다. 도서관 한쪽에는 시장 상인인 듯한 주민들이 바닥에 그려진 체스판을 둘러싸고 있었고, 편안한 소파에 앉아 차를 마시며 이야기를 나누는 사람들도 있었다. 시끌벅적하지는 않지만 시장에서 살아가는 사람들의 일상이 자연스럽게 도서관 안으로 이어진 분위기이다. 놀라운 것은 이런 도서관 분위기들이 처음부터 계획적으로 만들어졌다는 점이다.

알미르시는 2007년에 도시 규모를 확대하는 도시계획을 변경하면서 도심 중앙에 새로운 도서관을 지어 도시의 아이콘으로 만들기로 하였다. 광장 주변으로 쇼핑타운이 형성되어 있었고, 시청사도 있었다. 그곳에 광장을 향해 박혀 있는 쐐기 모양의 삼각형 부지를 확보하였다. 부지를 효율적으로 개발하기 위해 알미르시는 다른 기관들과 협력하여 복합단지를 건설하기로 하였다. 지역 내 대학, 연구소, 임대주택 건설 기관이 참여하였다. 대학은 도심에 강의실을 확보하고, 도서관을 공유할 수 있었다. 연구소도 연구 공간과 함께 도서관의 다양한 자료를 공유할 수 있는 장점을 누리게 되었다. 임대주택은 계획도시인 알미르시의 부족한 주택 공급을 해소하는 데 기여하는 효과를 거두었다. 건물 1층은 쇼핑타운의 흐름이 끊이지 않도록 상가를 만들어 임대하였다. 그렇지만 건물 외부는 어디서 보아도 도서관이 보이게 하였다. 광장에 있어도, 쇼핑타운을 걸어도 마치 도서관에 있는 듯한 느낌이 들게 하려는 의도이다.

 도서관 구조에도 혁신적인 시도를 많이 반영하였다. 그중 가장 핵심적인 것은 사람들의 일상이 그대로 이어지는 도서관, 사람들이 부담을 느끼지 않고 방문하고 즐길 수 있는 도서관을 만들려고 한 것이다. 자연스럽게 소파에 앉아 커피를 마시거나, 체스를 하거나 음악을 듣고, 그러다가 서가에서 책을 꺼내 보듯이 도서관 장서를 즐길 수 있게 하려는 것이다. 책을 찾는 것이 부담이 아니라 즐거움이 되게 하려는 것이다. 여기서는 이 정도로 이야기를 줄이지만 알미르도서관은 구석구석 특별한 공간이 많고, 그 공간마다 아주 특별한 프로그램들

알미르 새로운도서관. 광장에서 에스컬레이터를 타면 열람실로 이어진다. 도시의 일상과 도서관이 자연스럽게 어우러져 있다. ⓒ윤송현

이 진행되는 이름 그대로 '새로운도서관'이었다. 그 모든 새로움 중에서 가장 빛나는 것은 도서관이 도시의 중심에 우뚝 서서 알미르를 대표하고 있다는 것이다.

네덜란드에서는 신도시에 대한 호감도가 떨어진다고 한다. 살기는 편하지만 역사성이 없어 공동체적인 소속감이나 자부심이 약하기 때문이다. 도심 한가운데 멋지게 자리 잡은 새로운도서관은 알미르 시민들의 마음속 빈자리를 채워주는 문화적 자부심이 되고 있다. 도서관을 소개하는 자료에는 이런 글귀가 쓰여 있었다. "스페인 빌바오 시민들이 구겐하임미술관을 자랑으로 여긴다면, 알미르 시민들은 새로운도서관을 자랑으로 여긴다."

위치가 중요하다는 것을 보여준 아이디어스토어

　도서관이 그 사회에서 어떤 역할을 하는 곳인가를 이해할수록 위치가 중요하다는 것을 알게 되었다. 그런 생각을 확고히 해준 것이 영국의 아이디어스토어였다.

　2019년 오랜만에 방문한 런던의 이미지는 아쉽게도 우중충함이었다. 트래펄가광장에 나가 사방을 둘러봐도 빛을 잃은 빅토리아 시대 건물들만 보였다. '해가 지지 않는 나라'였다는 것은 대영박물관에 가야 느낄 수 있고, 거리에서는 활기를 찾기 어려웠다. 그런 모습은 1980년대 마거릿 대처 수상 집권 이후에 깊어졌다고 한다. '철의 여제'로 불렸던 대처 수상은 "모든 것은 시장에 맡겨야 한다"고 부르짖으며 공공부문을 민영화하고, 공공투자를 거의 하지 않았다. 이미 기업들도 세계 시장에서 경쟁력을 잃고 있던 상황에서 공공투자를 하지 않으니 쇠락은 더 빨랐다. 1998년 보수당의 장기집권을 끊고 집권한 토니 블레어의 노동당은 반전을 꾀했다. 공공투자를 확대해 영국의 부활을 도모한 것이다. 그런 가운데 추진된 사업이 세계 도서관계의 이목을 끌었던 아이디어스토어이다.

　런던 시내를 순환하는 노란색 순환선을 타고 알드게이트역에서 내려 버스를 갈아타고 세 정거장 만에 와트니마켓 입구에 내렸다. 와트니마켓은 거대한 쇼핑센터와 야외 노점 시장, 상가 건물들이 어우러진 쇼핑지구이다. 아이디어스토어는 바로 마켓 입구에 자리 잡고 있다. 우중충한 벽돌 건물 사이에 산뜻하고 밝은 3층의 유리 건물이다. 주변의 분위기를 바꿔주는 존재감이 뚜렷한 건물, 아이디어스토어는 의도적으로 그렇게 기획된 곳이다.

또 다른 아이디어스토어인 화이트채플은 와트니마켓에서 걸어서 10분 정도 떨어진 곳에 있다. 직선거리는 가깝지만 교통 노선이 다르다. 인근에 화이트채플역과 세인즈베리 쇼핑센터가 있는 요지이다. 세차게 내리는 비를 뚫고 갔는데도 아이디어스토어 안팎에는 사람들이 무척 많았다. 개관한 지 벌써 20년이 다 되어가는 시설이라 내부 구조가 그리 반짝반짝하지는 않았지만, 이용자들이 많고 사서들도 여전히 친절했다. 아이디어스토어는 왜 특별한 것인가?

토니 블레어의 노동당이 침체된 영국 경제에 활력을 불어넣고, 영국을 다시 세계의 작업장으로 만들기 위해 핵심적으로 꼽은 어젠다가 교육, 기술, 그리고 정보였다. 성인 교육을 강화하고, 기술 습득과 정보 기반을 확대하여 영국의 경쟁력을 회복한다는 것이었다. 그 어젠다를 수행할 핵심 기관으로 도서관이 꼽혔다.

가장 먼저 런던 타워햄릿구가 주목을 받았다. 타워햄릿구는 런던에서도 소득 수준이 낮은 지역으로 꼽히는데, 주민 상당수가 이민자들이었다. 그런 까닭에 교육 수준이 낮고, 실업률도 높았다. 도서관

와트니마켓 아이디어스토어(유리 건물). 쇼핑센터 옆에 눈에 띄게 만들어졌다. ⓒ윤송현

이용자는 전체 주민의 18퍼센트 정도에 그쳤다. 영국 전체 평균인 55퍼센트에 훨씬 못 미치는 수치였다.

 타워햄릿구는 정부 지원을 받아 관내 도서관 혁신을 위한 사업을 시작하였다. 제일 먼저 주민 욕구를 광범위하게 조사하는 작업에 나섰다. 도대체 주민들은 왜 도서관을 잘 이용하지 않는가? 그런 근본적인 의문부터 주민들이 원하는 도서관 모습에 대한 질문을 담은 설문을 작성하여 전체 세대 중에서 10분의 1에 달하는 수만큼 세부적인 조사를 진행하였다. 조사 결과는 우려와 달리 희망적이었다.

 주민들은 도서관을 기피하는 것이 아니었다. 도서관을 이용하고 싶지만 도서관에 가기 어렵다는 것이었다. 가장 문제가 된 것은 도서관의 위치였다.

그런데 도서관에 대한 주민들의 접근성을 조사하기 위해 도서관 등록자들의 주소를 지리정보시스템에 입력해보았더니, 거리상 주민들에게 도서관 접근성은 매우 양호했다. 대부분 주민들이 가볍게 걸어서 갈 수 있는 거리에 도서관이 2개 이상 있었다.

이어서 주민들의 욕구를 분석해보니, 주민들은 도서관이 특별히 시간을 내야만 방문할 수 있는 곳이 아니라, 일상생활 속에서 쉽게 들를 수 있는 곳에 있기를 바라고 있었다. 특히 쇼핑과 연결된 장소가 많은 선택을 받았다. 쇼핑은 일상에서 필수적이니 쇼핑센터는 가지 않을 수 없다. 그러니 쇼핑을 하러 가서 도서관에 들르거나, 도서관에 들렀다가 쇼핑을 하고 오거나 할 수 있다면 특별히 마음을 먹거나 시간을 내지 않아도 되기 때문에 도서관을 잘 이용할 수 있다는 것이었다.

사람들은 자신이 일상에서 꼭 해야 하는 일들을 중심으로 동선을 짜고, 그런 동선을 유지하는 가운데 선택적으로 서비스를 이용하기를 원하고 있었다. 그것은 거리가 '가까우면 되는' 것이 아니다. 친구들을 만나는 곳, 음식을 사는 곳, 쇼핑을 하거나 지원금을 받으러 가는 곳, 등교나 출근을 위해 버스나 지하철을 타는 곳처럼 일상적으로 반복되는 생활 동선에서 가까워야 하는 것이다.

각종 도서관 조사에서 한 지역에 도서관 수가 많다고 해서 도서관 이용자가 많은 것은 아니라는 점도 밝혀졌다. 실제 타워햄릿구에는 도서관이 12개가 있었는데, 이 수치는 영국의 다른 지역에 비해 많은 수였다.

타워햄릿구는 설문조사 결과를 바탕으로 기존 도서관에 대한 입지 평가를 다시 하였다. 도서관들은 주민의 생활 동선에서 떨어진 골목이나 공원에 있었다. 거리상으로는 가까웠지만 동선에서는 떨어져 있어, 특별히 마음먹고 시간을 내야 하는 '심리적으로 먼' 곳에 있었던 것이다. 몇 곳의 위치는 괜찮았지만, 나머지 대부분은 부적합하다는 평가가 내려졌다.

조사 결과를 수용하기로 한 타워햄릿구는 대대적인 도서관 위치 조정에 착수하였다. 골목에 있는 오래된 도서관 건물은 폐관하여 매각하고, 주민들이 많이 이용하는 쇼핑 공간 부근에, 대중교통 접근성이 좋고 도로 전면에 눈에 잘 띄는 곳, 주민들이 다니는 통행로에 부지를 확보하였다.

위치만 바꾼 것은 아니다. 조사를 통해 사람들을 도서관으로 끌어들이기 위한 많은 제안들이 접수되었다. 그중 주의를 끈 것은 도서관이 학교 교육에 대한 부정적인 의식을 불러일으킬 수 있다는 점이었다. 과거 학교에서 경험한 부정적인 기억이 있는 사람들은 도서관을 학교와 같은 이미지로 받아들이기 때문에 다가가기를 꺼리고 있었다. 교육 여건이 낙후되어 있고 주입식 교육이 횡행하는 지역에서 온 이민자들 중에 도서관에 부담을 느끼는 사람이 많았다.

　타워햄릿구는 새로 짓는 건물에도 큰 변화를 주었다. 빅토리아 시대에 만들어진 장중한 이미지를 벗겨내고 밝은 컬러가 주조를 이루게 디자인하였다. 사람들이 부담을 갖지 않고 편하게 들러보고 싶은 생각이 들도록 문턱을 없애고, 개방감을 주었다. 실내는 벽을 없애고 막힘 없이 자연스럽게 연결되도록 하였다. 도서관에는 '해야 한다' '하지 마라'는 규제를 말하는 게시물들이 사라졌고, 대신 누구나 커피를 마시며 이야기를 나눌 수 있는 공간으로 만들어졌다. 이름에도 도서관을 붙이지 않았다. 아이디어스토어. 방문하면 현재의 문제를 해결할 무엇인가를 얻을 수 있을 듯한 느낌을 주려고 했다. 처음에는 도서관이 곧 난장판이 되고, 민원이 들끓을 것이라는 우려가 많았다. 그러나 실제 아이디어스토어가 문을 열었을 때 그런 우려는 기우였다는 것이 밝혀졌다.

　일반 행정 민원을 해결할 수 있는 코너도 만들어졌고, 많은 강좌와 소모임이 만들어졌다. 사서들은 더 이상 관리자나 단순 정보 안내자가 아니라 이용자와 함께 토론하고, 이용자의 불편을 함께 해결하는 조력자가 되었다. 개관 시간은 늘어났고, 도서관이 문 닫는 날도 없어졌다. 한 번도 도서관 안에 들어서보지 않았던 사람들이 도서관 안에 들어서게 됐고, 한번 도서관에 와본 사람들은 계속 도서관에 다니게 되었다.

2002년에 바우~Bow~에서 처음 아이디어스토어를 개관한 이후 계속해서 다른 곳에 아이디어스토어를 열었다. 외진 곳에 있어 이용자가 적었던 도서관은 폐관하여 구내 전체 도서관은 12개에서 7개로 줄였다.

아이디어스토어가 개관한 뒤 타워햄릿구 도서관 이용률은 크게 늘어났다. 2013년 마지막으로 와트니마켓 아이디어스토어가 개관한 해 도서관 이용자는 처음 아이디어스토어가 개관하기 전인 2001년에 비해 240퍼센트 이상 증가했다. 런던 32개 자치구 중 가장 낮은 도서관 이용률을 보이던 타워햄릿구는 런던에서 세 번째로 도서관 이용자가 많은 지역으로 바뀌었다.

도서관 이용자만 많아진 것이 아니었다. 도서관 이용자들은 그대로 주변 쇼핑지구 소비자로 연결되었다. 쇠락해가던 와트니마켓은 아이디어스토어 개관과 함께 활력을 되찾았다. 주민들의 생활 거점이 된 도서관이 도시재생의 중요한 고리가 된 것이다.

아이디어스토어 시도는 한때 세계적인 관심을 끌었고 북유럽 도서관계에도 영향을 미쳤지만, 아쉽게도 도서관을 기반으로 영국을 세계의 작업장으로 복귀시키려던 토니 블레어의 시도는 계속 이어지지 못했다.*

---

* 지식산업사회를 선도하려던 '신노동당'의 정책은 엔뉘 안데르손의 『도서관과 작업장』(책세상)에 자세하게 설명되어 있다.

햄릿성과 쿨투어베아프트

　도서관의 가치와 중요성을 인식하는 사람들은 도서관을 그 사회의 중심부에 위치시키기 위해 꾸준히 노력하는데, 공동화로 쇠락한 도심을 재생하는 사업은 좋은 기회가 된다. 북유럽에는 도서관을 중심으로 도시재생 프로젝트를 추진하여 성공한 사례가 많다.

　덴마크 코펜하겐에 가는 사람들은 대부분 제일 먼저 인어공주를 보기 위해 바닷가로 달려간다. 잔잔하게 파도치는 바닷가 바위 위에 왕자를 기다리며 앉아 있는 청동 조각상은 보는 사람들에게 안타까움과 연민을 느끼게 해주고, 사람들은 인어공주 옆에 자신의 얼굴을 넣은 사진을 찍기 위해 줄을 선다. 안데르센 이야기에서 만들어진 조각상이 덴마크를 상징하는 아이콘이 되어 세계 각지에서 관광객을 불러 모으고 있는 것이다.

　우리나라에도 많이 알려진 맥주 칼스버그는 덴마크산이다. 1909년 칼스버그 대표 칼 야콥슨은 코펜하겐 왕립극장에서 〈인어공주〉 발레 공연을 보고 큰 감동을 받아, 조각가 에르바드르 에릭센에게 발레의 주연이었던 엘렌 프라이스를 모델로 인어공주 조각상을 제작해달라고 의뢰하였다. 그런데 프라이스는 얼굴을 모델로 하는 것은 동의했지만, 누드모델이 되는 것은 거부했다. 에릭센은 결국 자기 부인인 엘

레네 에릭센을 모델로 하여 몸을 완성하였다. 얼굴은 프라이스이고, 몸은 에릭센인 것이다. 인어공주상에 만족한 칼 야콥슨은 조각상을 코펜하겐에 기부하여 지금 위치에 자리 잡게 하였다.

여행객들은 인어공주만 둘러보고 자리를 뜨지만, 인어공주 옆에는 넓은 해자로 둘러싸인 병영이 있다. 지금은 해자에 거위들이 노닐고, 제방은 시민들이 산책하는 코스가 되어 있지만, 예전에는 덴마크 주력 함대를 지휘하며 발트해를 통제하던 해군 기지가 있던 곳이다.

덴마크의 불행은 1801년 이 기지가 영국 함대의 포화를 맞아 파괴되면서 시작됐다. 나폴레옹이 영국을 고립시키기 위해 대륙 봉쇄를 추진하자 영국은 덴마크가 발트해 입구를 봉쇄하는 것을 막기 위해 코펜하겐을 공격하였다. 영국의 공격은 1807년에 더 크게 재개되었다. 트라팔가르 해전에서 패한 프랑스가 덴마크 함대를 동원하지 못하게 하려는 목적이었다. 영국의 무차별 포격으로 코펜하겐은 불바다가 되고 말았다. 나폴레옹 전쟁을 수습하는 과정에서 덴마크는 노르웨이를 스웨덴에 넘겨줘야 했고, 전쟁 채무 이행으로 나라는 파산 상태에 빠지게 되었다.

한스 안데르센이 인어공주 이야기를 펴낸 것은 그 무렵인 1837년이다. 당시 덴마크는 국가적으로 매우 어려운 상태에 처해 있었고, 안데르센은 어려움 속에서 살아가는 어린이 이야기를 많이 담아냈다.

「성냥팔이 소녀'가 대표적이다. 추운 겨울 크리스마스를 앞두고, 성냥을 팔아야 집에 돌아갈 수 있는데 성냥은 안 팔리고, 추위를 막을 길이 없는 소녀는 성냥을 하나씩 켜며 버티다가 결국 눈 속에서 숨을 거두게 된다. 가난한 코펜하겐 서민들의 힘든 삶을 보여주는 내용이다.

"사느냐 죽느냐, 그것이 문제로다." 햄릿의 독백을 기억하는 여행자라면 『햄릿』의 무대가 되었던 크론보르성을 방문해볼 만하다. 크론보르성은 코펜하겐 북쪽, 중앙역에서 기차로 50분 정도 걸리는 헬싱외르에 있다. 헬싱외르역에서 내리면 바로 옆이 바다이고, 바다 건너편에는 스웨덴 헬싱보리가 맨눈으로도 보인다. 4킬로미터 남짓 거리이다. 바다에는 다리 대신 두 도시를 오가는 페리가 떠 있다. 바닷가를 따라 조금만 걸으면 바다를 배경으로 오려낸 것처럼 윤곽이 뚜렷한 성이 보인다.

독일 북부 지역 도시들은 중세시대부터 한자동맹을 맺고 상선을 영국, 네덜란드, 프랑스, 스페인까지 보내 교역을 하였다. 상선들은 덴마크 헬싱외르와 스웨덴 헬싱보리 사이에 있는 좁은 바닷길을 지나야 했다. 북유럽을 오래도록 지배한 덴마크 왕조는 이 길목에 성을 쌓고 함대를 두어 지나다니는 배에서 세금을 거두어들였다. 바닷가에 자리 잡은 덴마크 왕성은 발트해와 북해를 오가는 선단을 타고 유럽 전역에 알려졌다. 셰익스피어가 직접 이곳을 방문했다는 기록은 남아 있지 않지만, 그와 함께 극단을 운영했던 배우들이 크론보르성을

바닷가 옆에 자리 잡은 크론보르성, 햄릿성으로 알려져 있다. ⓒ윤송현

방문한 기록은 남아 있다. 『햄릿』에는 왕성이 바닷가 절벽 위에 있다는 대사도 나온다. 그런 이유로 셰익스피어가 『햄릿』을 발표한 이후 그 무대가 바로 헬싱외르에 있는 크론보르성으로 지목되었다.

크론보르성의 영화도 코펜하겐처럼 영국 함대의 공격을 받으면서 바닷속으로 사라졌다. 바다를 지키던 해군 기지와 포대는 파괴되었고, 통행세도 걷을 수 없게 되었다. 크론보르성은 비워졌고 헬싱외르에도 어두운 그림자가 드리워졌다.

몇십 년간 잠들어 있던 헬싱외르에 희망의 불빛을 들고 나타난 사람은 상인 매드홈이었다. 유럽을 떠돌며 중개상으로 자본을 축적한 매드홈은 조선 사업에 가능성이 있음을 간파하고, 헬싱외르 앞바다에 잠들어 있는 해군 기지에 조선소를 세우는 방안을 제안하였다. 처음에 군대는 쉽게 양보하지 않았지만, 헬싱외르시가 정부와 군을 압박해서 해군이 부지를 양보하도록 하였다. 그렇게 1882년 해군 기지에 근대적인 조선소가 세워졌고, 조선소는 번창해서 헬싱외르 경제를 지탱하는 지주가 되었다.

잘나가던 조선소에 먹구름이 낀 것은 1973년 오일쇼크 때문이었다. 그해 10월 이스라엘과 중동 간에 벌어진 전쟁에서 패배한 아랍 산유국들은 전쟁에서 이스라엘 편을 들었던 나라들에 대해 석유 수출을 금지하는 조치를 취하였다. 1974년 4월까지 계속된 이 조치로 국제 석유 값은 300퍼센트 이상 폭등했고, 세계 경제가 큰 타격을 받았다. 당장 석유를 실어나르는 유조선 수주가 급감했고, 국제 무역이 경색되면서 세계 조선업은 일제히 큰 타격을 받았다. 시간이 흘러 오일쇼크의 충격이 가라앉고, 조선업도 회복되었을 때는 세계 조선 시장에 일본, 한국 등 동아시아 신흥국들이 등장했다. 북유럽 조선소들은 경쟁력을 잃었고 이때 스웨덴 말뫼에서도, 네덜란드 암스테르담에서도 조선소들이 모두 문을 닫았다. 결국 100여 년간 헬싱외르를 지탱해온 조선소는 1989년에 문을 닫았고, 3000여 노동자들은 일자리를 잃게 되었다. 헬싱외르에 다시 어두운 그림자가 드리워졌다.

방치되던 조선소 건물에 불빛을 밝히기 시작한 것은 예술인들이었다. 젊은 예술인들이 방치된 조선소 건물에 들어가 작품 활동을 시작했고, 그들의 활동은 점점 사람들에게 알려져 문 닫은 조선소는 핫플레이스가 되었다. 사람들의 발길이 늘면서, 방치된 건물을 어떻게 할 것인가에 대한 논의도 활기를 띠었다.

조선소는 헬싱외르 중심지이자 경관이 뛰어난 바닷가에 있고, 세계적인 명소인 크론보르성이 인근에 있다. 이에 예술인들의 활동을 살려서 문화공간으로 조성하자는 주장이 관심을 끌었지만, 개발 의견도 만만치 않았다. 경제 논리를 앞세워 대규모 주거 단지와 상권으로 개발하자는 주장이 강력하게 제기된 것이다. 오랜 논란을 끝낸 사람은 2003년에 헬싱외르 시장이 된 보수당 출신 페르 태르스뵐Per Tærsbøl이었다. 그는 중앙정부의 지원을 받아 오래된 조선소 건물을 복합문화공간으로 만드는 데 발 벗고 나서 2005년 국제 공모를 실시하고 덴마크 오르후스 출신 젊은 기업을 주사업자로 선정하면서 오랜 논란을 끝냈다.

쿨투어베아프트Kulturvaeft는 '문화 조선소'라는 뜻이다. 이전에는 배를 만들었지만, 지금은 문화를 만드는 곳이라는 의미를 담았다. '배'와 '문화'를 등치시킨 것도 많은 생각을 하게 하고, 조선소의 역사성을 살려놓은 것도 좋은 인상을 준다. 건물에는 도서관이 있고, 문화센터가 있고, 대형 공연장도 있다. 물을 담아 배를 띄우던 거대한 독dock은 그대로 살려 해양박물관으로 만들었다. 사업을 진행하면서 그곳이 조선소였다는 것을 상기시키기 위해 예전의 흔적을 최대한 보존

하고 살렸다. 조선소의 작업 공간과 설비를 적극적으로 유지하면서 문화공간을 조성하려고 노력한 것이다. 복합문화공간에서도 제일 비중이 큰 것은 도서관이다.

  도서관 1층은 반납도서를 자동으로 분류하여 처리하는 공간과 만남의 장소인 카페가 있다. 반납구에 책을 넣으면 이후 컨베이어 벨트를 타고 분류되어 북트럭에 실리는 과정을 유리창 너머로 구경할 수 있다. 처음 보는 사람에게는 재미있고 신기한 모습이다. 2층부터 4층까지는 열람실이다. 열람실 내부는 조선소 흔적을 그대로 살려놓은 것들이 많다. 2층 어린이 코너는 배를 모티브로 한 책놀이터로 시작한다. 흥미를 유발하는 다양한 놀이 도구가 어린이들을 유혹한다. 안쪽에는 선박을 모티브로 한 서가와 장치들을 많이 만들어놓았고, 대형 선박 엔진실은 동그란 극장으로 만들었다. 벽면에는 조선소에서 그동안 만든 배들을 모두 그려놓았다. 한쪽에는 한스라는 이름을 가진 선원 복장을 한 테디베어가 앉아 있는데, 어린이들이 오면 앞에 앉혀 놓고 바다 이야기를 해준다고 한다.

  3층과 4층에는 일반열람실이 있는데, 역시 예전 건물을 살리려고 노력하였다. 건물을 떠받치는 골조를 그대로 노출시키고, 선박 부품을 들어 나르던 크레인을 그 위치에 그대로 남겨두었다. 낮은 서가가 시선을 가로막지 않아 열람실 곳곳에 눈길이 간다. 구석구석 사람들이 들어앉아 자기만의 시간을 보내고 있다. 바다가 보이는 창가에 멋

쿨투어베아프트 전경. 조선소 건물을 리모델링하여 복합문화공간으로 만들었다. ⓒ윤송현

조선소 건물을 최대한 그대로 살린 쿨투어베아프트 3층. ⓒ윤송현

진 1인용 소파를 놓아둔 센스도 돋보였다. 누구라도 책을 한 권 뽑아 들고 앉아 있고 싶은 충동을 느끼게 한다.

2010년 준공 후 이 건물은 세계적 건축상을 여러 번 받았고, 단번에 북유럽을 대표하는 문화 명소가 되었다. 도서관을 찾는 사람들이 줄을 이었고, 공연장에서는 다양한 공연과 행사로 수많은 방문객들을 불러 모았다. 코로나19로 공연환경에 제약이 많지만 2021년에도 연초에 한해 공연 일정이 대부분 확정될 만큼 활발한 활동을 하고 있다.

과거에는 통행세를 거둬서 살다가 이후에는 배를 만들어서 살았고, 이제는 문화가 사람들을 불러 모아 헬싱외르에 활기를 불어넣고 있는 것이다.

방치된 도심 상가를 도서관으로 만든 헤아닝

덴마크 헤아닝Herning 중심가에는 방치된 상가 건물을 리모델링한 도서관이 있다. 헤아닝은 유틀란트반도 중간에 있는 소도시이다. 인구는 5만 명 정도. 1800년대 초에 인근 농촌 주민들을 위한 거점 도시로 개척되기 시작했고, 국토개간운동 흐름을 타고 도시가 성장하여 유틀란트반도의 거점 도시로 성장하였다.

세월이 흐르며 헤아닝도 도심 공동화를 피할 수 없었다. 오래된 도심에 사람들 발길이 줄어들면서 빈 상가들이 생기기 시작하였다. 시는 도심에 다시 활력을 불어넣는 방안을 고민한 끝에 오래도록 비어 있던 상가 건물에 관심을 가졌다. 상가 건물은 도심 보행자 전용도로에 있었고, 주위에 시청도 있고 고등학교도 있는 요충지에 있었다. 헤아닝시는 오랜 논의 끝에 이 건물을 도서관으로 만들어 시민들에게는 만남의 장소이자 커뮤니티 센터가 되고, 학생들에게는 배움의 공간이 되게 한다는 목표를 세웠다.

2012년 9월에 상가 건물을 리모델링하는 '도서관과 함께 새로운 도심 개발' 프로젝트가 시작되었다. 아무리 위치가 좋아도 공간을 어떻게 조성하느냐가 역시 중요했다. 시는 북유럽에서 도서관 디자인에 발군의 성과를 내고 있던 아트보스에게 디자인 전략을 맡겼다.

아트보스는 지역의 분위기를 바꾸는 새로운 전략을 도입하였다. 디자인은 북유럽에서 일반화된 밝은 스타일에서 벗어나 뉴욕에 있는 창고형 문화공간 이미지를 채택하였다. 벽면에는 붉은 벽돌을 재활용하여 붙이고, 천정은 공기 순환 설비가 그대로 노출되게 하였다. 조명기구는 의도적으로 작업장에 어울릴 듯한 거친 스타일을 택했다.

1층 중앙 출입구를 건물 양쪽으로 터서 그대로 넓은 통로가 되게 하였다. 통로만으로도 사람들을 건물로 불러들이는 효과가 있었다. 1층에 카페를 만들고, 신문과 잡지 등 정기간행물을 볼 수 있는 코너를 만들고, 정보를 검색하는 코너, 작은 프로그램이나 모임을 할 수 있는 공간을 만들었다. 그리고 서가와 열람실이 있는 지하 1층과 지상층으로 이어지는 넓은 계단을 만들었다. 계단에서는 앉아서 책을 읽거나 작은 강좌를 할 수 있게 하였다.

1층 바닥을 넓게 뚫어 열린 계단을 조성하여 개방감을 높이고 장서는 대부분 지하층에 배치하였다. 2층과 3층은 어린이들을 위한 공간, 청소년을 위한 공간, 학생들이 숙제하는 공간, 컴퓨터를 이용할 수 있는 공간, 메이커스페이스 등 다양한 공간으로 조성하였다.

2014년 8월 도서관 문이 열리자 방문자들이 넘쳐났다. 시가 기대한 이상이었다. 개관 후 6주간 12만여 명이 도서관을 방문했고, 직전 년도 기간과 비교해서 1만 점 이상이 더 대출되었다. 도서관을 관리하는 직원들도 처음에는 새로운 공간, 새로운 서비스, 새로운 업무에 적응하느라 바쁜 시간을 보내야 했지만, 이용자 반응은 모든 것을 긍정적으로 만들었다.

도서관에서는 매일 다양한 행사, 강좌, 모임이 열렸다. 입소문을 탄 도서관은 금방 명소가 되었고, 사람들이 몰리면서 도심을 바꿔놓았다. 모여서 토론하고 배우고 다양한 문화를 경험하는 사람들이 만들어내는 문화의 향기가 도심에 넘치고, 인근 상가도 자연스럽게 활기를 되찾게 되었다.

무엇보다 사람들이 쉽게 접근할 수 있는 도시의 중심에 도서관을 만들었다는 것, 새롭고 멋진 도서관을 만들었다는 것이 가장 중요한 성공 요인이다. 도심에 활력이 생긴 것은 당장의 성과이고, 새로운 도서관을 통해 시민들이 다양한 역량을 키워나가고, 다양한 사회적 관계를 만들어나가는 것이 장기적인 성과이다.

지역개발 사례인 슈페르킬른파크와 네레브로도서관

코펜하겐 북쪽 지역인 네레브로에 새롭게 조성된 슈페르킬른파크 Superkilen park 는 혁신적인 도시 개발 사례로 국제적인 관심을 받는 곳이다.

네레브로는 코펜하겐 시내와 가까우면서도 저렴한 임대주택이 많아 이민자들이 많이 사는 지역이다. 이민자들 출신지도 다양해서 60여 개 나라에 이른다. 2008년에는 무함마드를 비하하는 카툰이 촉발한 이슬람계의 폭동이 일어나기도 하였고, 늘 크고 작은 사건과 사고가 발생해왔다.

코펜하겐시는 이민자들이 많이 거주하면서 발생하는 다양한 사회적 문제에 대해 종합적이고 근본적인 해결 방안을 고민하였고, 그 결과 지역 내 방치된 공간을 정비하여 열린 문화공간으로 만드는 사업을 추진하기로 하였다. 도시의 그늘진 공간을 드러내고 혁신적인 공간으로 재탄생시켜, 다양한 출신 배경의 사람들이 어울리면서 차이와 갈등을 포용하고, 마찰을 완화할 수 있는 공간을 만들기로 한 것이다. 네레브로 지역 내 주거 단지와 상가 사이에 경계처럼 방치된 1킬로미터 구간이 대상지가 되었다. 킬른Kilen은 쐐기를 의미한다. 부지 모양이 지역 내에 박혀 있는 쐐기 모양인 것이다.

사업의 핵심은 다양한 이민자 정서를 반영하여 창의적이고 혁신적으로 디자인하여 주민들로부터 사랑받는 공간, 주민 일상생활을 강화하는 기반을 만드는 것이다. 다양한 국적과 인종의 주민들이 함께 참여하여 자신들의 정서적·문화적 감정을 표현하도록 하였고, 전문가 집단의 창조적인 사회디자인을 접목하였다. 곳곳에 이민자들의 나라를 상징하는 색조, 문양, 재질을 담은 다양한 조형물들을 설치하였다. 그늘진 공간을 없애고, 야외에서 즐길 수 있는 다양한 스포츠 시설을 설치하였다. 롤러스케이트나 자전거는 물론이고, 복싱을 할 수 있는 링이 있고, 체스판도 만들어두었다. 공간은 크게 레드존, 블랙존, 그린존으로 구분하여 공간의 특색을 나누었다.

그리고 제일 중요한 것. 그 모든 공간의 중심에 도서관을 만들었다. 광장에서 문만 밀고 들어서면 네레브로도서관이다. 이 도서관은 기본적인 도서관 서비스 외에도 다양한 국적의 이민자들을 위한 도서 서비스에 많은 힘을 쏟는다. 이민자들이 모국어 서적을 읽을 수 있도록 최대한 모국어 자료를 확보하고, 이민자들이 덴마크어를 배울 수

지역문화 거점으로 변신한 슈페르킬른파크의 모습. 오른쪽 건물이 네레브로도서관이다. ⓒ윤송현

있도록 언어카페, 숙제 모임을 지원한다.

　슈페르킬른파크가 만들어지고 나서 어두웠던 네레브로에 밝은 기운이 감돌았다. 광장에 나온 사람들에게서, 도서관에 들른 사람들에게서 웃음과 희망과 의지를 찾아볼 수 있게 되었다. 이 사업에는 막대한 예산이 투입되었지만, 코펜하겐시는 투입된 예산보다 많은 효과를 거두고 있다고 판단하고 있다.

　우리나라 공공도서관은 이용자의 접근성을 그다지 중시하지 않는다. 오래된 교육청 소속 도서관들은 산 위에 있는 경우가 많다. 처음에는 도시 한가운데 있던 것들을 일부러 산 위로 옮겨놓은 것도 많다. 서울 남산에 있는 남산도서관은 중구 명동 시내 한복판에 있던 것을

1964년에 남산 위로 올려놓은 것이다. 수원시 중앙도서관은 팔달산 위로 올라가 있고, 충청북도 중앙도서관은 시내 중심지에 있던 건물을 팔아버리고 산꼭대기로 옮겨갔다.

지방자치 실시 이후 만들어진 도서관도 주민의 접근성은 그다지 고려하지 않는다. 도서관을 지어야겠다고 뜻을 세우면 우선 그 지역에서 부지 확보가 쉬운 곳을 찾는다. 땅값이 싼 곳, 주차장 확보가 쉬운 곳을 우선하여 선정한다. 시유지 등 공유지가 있는 곳을 찾고, 공유지가 없으면 산이나 공원을 찾는다. 공공 목적을 위해서는 용도 변경이 가능하기 때문이다.

도서관의 위치는 그 사회가 도서관을 어떻게 생각하는지를 보여준다. 우리 사회는 도서관은 시험 공부하는 곳이거나, 책을 빌려주는 곳이라고 생각하기 때문에 위치를 중시하지 않는 것이다.

> "공공도서관의 목적은 그 사회의 목적에 달려 있다. 도서관을 소개하는 진정한 틀은 동시대의 문화 속에서 찾아진다. 사회가 나아갈 방향을 혼란스러워한다면 어떤 사서도 마찬가지다. 사람들이 자신이 지향하는 목표를 분명히 하고 있으면, 공공도서관의 역할도 명확해진다."

도서관의 사회적 토대와 도서관학의 철학적 기반을 구축한 사상가로 평가받는 미국의 제시 쉐라 Jesse Hauk Shera, 1903~1982가 남긴 말이다.

쉐라의 이야기는 도서관은 그것이 속한 사회와 분리되어 존재할 수 없고, 사회적 관계 속에서 도서관의 목적, 도서관을 운영하는 사서의 사명이 정해진다는 것이다.

  북유럽에서는 어디를 가나 도서관이 도시의 중심에 있었다. 도심 재개발 사업을 해도 항상 중심에 도서관을 만들어놓았다. 그들은 왜 그렇게 도서관을 중시하는 것일까? 언제부터 그들은 도서관을 중시하기 시작해온 것일까? 그들에게 도서관은 어떤 시설이고, 사회가 추구하는 목적과 도서관은 어떻게 연결되어 있는 것일까? 수많은 의문이 이어진다.

2장
도서관은 만남의 공간

천장에서 별이 쏟아지는 도서관

도서관에 들어서는 순간 탄성을 지르고 말았다. 천장에서 별이 쏟아져 내리고 있었다. 넓은 열람실 천장에 수많은 둥근 전등이 비정형으로 자유롭게 늘어져 빛을 발하고 있었다. 옛날 사람들이 반딧불이를 모아놓고 책을 읽었다던데, 여기는 별을 모아놓고 그 아래서 책 읽는 분위기를 만들었다. 조명이 중요하다는 것을 새삼 느끼게 되는 순간이다. 알맞은 밝기와 안정된 분위기, 그림 같은 아름다움을 조명으로 만들어낸 것이다.

덴마크 헬싱외르에서 쿨투어베아프트를 둘러보고 돌아오는 길에 현지 교민의 추천을 받아 회어셜름이라는 조그만 콤뮨에 들렸다. 인구는 2만 5000명. 규모는 작지만 역사가 깊어 마을 곳곳에 고풍스러운 유적들이 많이 있었다. 콤뮨 중심 상가를 관통하는 도로는 보행자 전용이고, 중심 상가 옆에 넓은 공용주차장이 있었다. 그곳에 차를 세우고 나서니 바로 복합문화공간인 쿨투어트롬멘으로 연결되었다. 쿨투어트롬멘은 영어로 '컬쳐드럼Culture Drum'이다. 문화를 울려 퍼지게 하는 문화 발신지라는 뜻을 담은 것이다. 쿨투어트롬멘 안에는 공연을 위한 다목적룸과 미팅룸, 레스토랑과 도서관이 있다.

그 도서관에서 한동안 넋을 잃고 서 있었다. 도서관 내부는 다른 벽이나 칸막이가 없이 높은 천장 아래 한 공간이었다. 어린이들을 위한 공간은 색과 분위기로 구분하였고, 둥근 타워를 만들어 이야기 극장을 만들고, 위쪽에는 청소년들을 위한 원두막 분위기의 공간을 만들었다. 서가들에는 대부분 바퀴가 달려 있었다. 필요에 따라 서가를 밀고 당길 수 있어서 변화를 주기가 쉽다. 한쪽으로 서가를 밀어두고 공간을 만들어 다양한 행사를 할 수도 있다.

도서관 이야기를 들어보니 시골 작은 도서관 내력이 곧 덴마크 도서관의 역사였다.

1871년에 사제관에서 처음 도서관을 열었다고 한다. 장서는 600여 권 정도였고, 수요일과 토요일 오후에 대출을 해주었는데, 장서를 이용하려면 연회비가 미숙련 노동자 7~8시간 임금과 비슷했다고 한

천장에서 별이 쏟아져 내리는 듯한 회어설름도서관 내부 전경. ⓒ윤송현

다. 이후에는 도서관이 목사 사제관, 야채 가게, 호텔, 서점 등으로 옮겨 다녔다. 1919년 도서관법이 만들어지면서 콤뮨으로부터 조금이나마 재정 지원을 받게 되었다. 1923년에 처음으로 도서관 건물을 새로 지었다. 장서는 2000권 정도였고, 처음으로 근대적인 원칙에 따라 장서가 정리되었다.

  덴마크에서는 도서관에 대한 주민들의 욕구는 높았지만 제1차 세계대전, 대공황, 제2차 세계대전이 이어지면서 도서관에 대한 논의는 활성화되지 못했다. 전쟁이 끝나고, 안정을 되찾기 시작한 1950년대가 되어서야 도서관에 대한 논의가 시작되었다. 덴마크 의회에서는 새로운 공공도서관법을 채택하였고, 자치단체가 10년 안에 공공도서관을 만들도록 강제하였다. 기존 작은도서관에 대한 지원 기준은 강화되었다. 그러나 현실적으로 도서관 건축은 진도가 나아가지 않았다. 제2차 세계대전 후 각 콤뮨은 주택 부족에 시달리고 있었고, 정치인들은 주택 건설에 더 많은 예산 배정을 원했기 때문이었다.

  회어셜름에서는 비교적 이르게 1956년에 마을 외곽에 독립된 도서관을 건축하면서 당시로서는 파격적인 새로운 디자인의 도서관을 만들었다. 도서관 안에 벽을 세워 공간을 구분하지 않고, 한 지붕 아래 모든 기능을 담아내는 시도를 한 것이다. 공간 구분은 서가나 가구를 이용하였다. 그렇게 한 가장 큰 이유는 조정 가능성이었다. 전쟁 후에 인구가 많이 늘고 있었다. 그에 따라 도서관 이용자들이 늘어나게 되면 공간의 조정이 필요하게 될 것이다. 그런 변화를 염두에 두고 서가나 테이블을 옮겨 공간을 쉽게 조정할 수 있게 한 것이다. 열람실을 벽으로 구분하여 소음을 차단하려는 생각은 어디에도 없었다. 처음부터 조용한 도서관을 생각하지 않은 것이다. 회어셜름도서관의 건축도, 새로운 도서관 구조도 모두 덴마크에서는 매우 선구적인 것이었고, 이후 다른 콤뮨들이 도서관을 지을 때 좋은 모델이 되었다.

1970년에 들어 도서관을 새로 짓자는 논의가 시작되었을 때 회어셜름 의회는 도서관을 도시 중앙으로 옮기기로 하였다. 도서관의 중요성을 다시 인식하고, 도서관을 콤뮨의 가장 중요한 기관으로 인정하고, 주민들이 가장 편하게 이용할 수 있는 곳에 도서관을 짓기로 한 것이다. 2011년에 리모델링을 하면서 도서관을 '열린 그리고 포괄적인 커뮤니티를 위한 플랫폼'으로 만든다는 새로운 비전을 제시했다. 도서관을 더 많은 이용자가 더 많은 활동을 할 수 있는 공간, 만남의 공간으로 만들고자 한 것이다.

시골에 있는 도서관이 오랜 역사를 잘 정리해두고 있는 것도 놀라웠고, 사제관 교구도서관으로 시작해서 현재의 도서관으로 이어지는 과정에서 많은 어려움 속에서도 도서관 서비스를 유지하려고 했고, 도서관을 지으면서는 도서관의 위치와 구조를 신중하게 결정하고, 주민들 삶의 중심이 되도록 노력한 과정이 매우 인상 깊었다.

하나의 지붕 아래, 하나로 연결된 열람실

북유럽 도서관에는 대부분 벽이 없고, 복도가 따로 없다. 도서관 전체가 하나의 지붕 아래, 하나의 공간으로 연결되어 있다.

입구에는 셀프 도서 반납기, 대출기가 있다. 그리고 안쪽으로 자연스럽게 어린이들을 위한 코너, 청소년을 위한 코너, 일반 도서를 진열한 코너, 정기간행물을 진열한 코너, 컴퓨터를 이용할 수 있는 코너, 음악 자료를 모아놓은 코너, 대화를 할 수 있는 공간, 모임을 할 수 있는 공간이 사방으로 연결된다.

2층 이상 복층으로 된 경우에도 전체 층이 막힘 없이 자연스럽게 이어지도록 연결되어 있다. 벽을 세워 복도를 따로 구분하지 않고, 열람실에서 바로 계단이 이어지거나 엘리베이터, 에스컬레이터가 이어진다. 사서들이 독자를 만나거나 업무를 처리하는 데스크도 열람실 한가운데 있고, 화장실도 열람실에서 바로 이어진다.

도서관에서 자유로움이 느껴진다. 갇히거나 통제되는 느낌을 받지 않고, 자유롭게 원하는 것을 얻을 수 있다는 느낌이 든다. 열린 공간이 주는 자유로움 속에서 편안함도 느끼게 된다. 둘러보고 싶은 생각이 들고, 어디엔가 자리를 잡고 앉아 있고 싶다는 생각이 든다.

막힘이 없으니 어느 곳이든 돌아다녀볼 수 있다. 성인이지만 어린이 코너에 가서 그림책을 꺼내 볼 수도 있고, 초등학생이지만 일반 자료가 꽂혀 있는 서가에서 관심이 가는 책들을 찾아볼 수도 있다. 환경에 관해서도 알고 싶고, 자동차에 대해서도 더 알고 싶고, 컴퓨터에 대해서 더 알고 싶기도 할 것이다. 사춘기 10대도, 방황하는 청춘도 도서관에서는 호기심을 따라 서가 사이를 탐색하며 다닐 수 있다.

공간 구분은 서가를 이용하고, 색을 사용하고, 인테리어 분위기를 이용한다. 서가의 연결이 동선이 된다. 고정 벽이 없기 때문에 흐름에 따라 서가를 옮기는 정도로 공간을 변형할 수 있다. 서가를 바꾸고 진열을 바꾸어 변화된 환경, 변화된 이용자 욕구에 쉽게 대응할 수 있고, 이용자들을 변화시킬 수도 있고, 이용자에게 다가갈 수 있다. 서가에 바퀴를 달아 이동할 수 있게 하면, 공간에 수시로 변화를 줄 수 있다. 서가를 한쪽으로 몰아 공간을 만들어 다양한 프로그램을 진행할 수 있다. 새로운 프로그램은 도서관에 새로운 이용자를 불러들이고, 이용자와 함께하는 프로그램은 만족도를 높여준다.

칸막이가 없으면 그만큼 열람실 내에도 공간이 많이 생긴다. 누구나 편하게 손을 뻗어 책을 꺼내 볼 수 있는 높이의 서가, 그리고 그 서가에서 책을 뽑아 살펴볼 수 있는 여유를 가질 수 있는 공간이 필요하다. 그러면 유모차를 끌거나 휠체어를 타고도 서가 사이를 다니며 책을 고를 수 있게 된다.

유틀란트반도 끝에서 만난 혁신

덴마크를 한 바퀴 돌아보며 도서관을 둘러보기로 했다. 렌트카를 타고 코펜하겐에서 출발하여 안데르센의 고향인 오덴세를 지나 유틀란트반도로 넘어가고, 오르후스의 Dokk1에서 열리는 넥스트라이브러리 컨퍼런스를 둘러보고, 반도를 거슬러 올라가 예링에 간 다음, 인근 프레데릭스하븐에서 페리를 타고 노르웨이 오슬로로 넘어가는 여정을 짰다.

유틀란트반도는 대륙의 한쪽을 잡아당긴 듯 북해 쪽으로 늘어져 있는 곳이다. 예전에는 척박해서 버려진 땅이었는데, 독일과 전쟁에서 패하여 남쪽의 비옥한 땅을 내주고 국토개간운동을 전개하여 사람들이 살게 된 곳이다. 그 반도 끝에 예링Hjørring이라는 콤뮨이 있다. 틈만 나면 좋은 도서관을 찾아다니는 반포도서관 조금주 관장의 리포팅으로 그곳에 멋진 도서관이 있다는 것을 알게 되었다.

예링으로 가는 길에는 산이 없다. 산이 없으니 계곡도 없고 큰 다리도 없이 완만한 도로를 끝없이 달린다. 그래도 푸른 숲과 목초지, 들판이 눈을 시원하게 하고, 북해에서 불어오는 바람이 상쾌하게 폐부에 와닿는다.

예링 콤뮨은 주민이 약 2만 5000명 정도인 작은 자치단체이다. 도심으로 진입하며 주위를 살펴봐도 5층 이상 건물은 한 손으로 꼽을 정도인데, 도심 중앙통로는 보행자 전용도로가 잘 정비되어 있다. 도서관은 보행자 도로 옆에 있는 대형 쇼핑센터 안에 있다.

예링도서관은 2008년 쇼핑몰 개관과 함께 2층을 30년 장기 임대하여 입주하였다. 쇼핑몰은 도심에 활기를 불어넣기 위해 추진된 사업이다. 쇠락한 도심에서 교통이 편리한 곳을 대형 쇼핑몰로 개발하는 것은 북유럽에서는 쉽게 볼 수 있다. 도심에서 낙후된 지역을 정리하여 쇼핑몰을 만들면서 일부는 시에서 임대하여 외곽에 있는 공공도서관을 이전시킨다. 스웨덴 시스타도서관이 그랬는데, 개관 시기를 따져보면 예링도서관이 더 빠르다. 그리고 보면 도시재생 사업의 일환으로 추진되었다는 점에서도 쿨투어베아프트보다 앞서고, 헤아닝도서관보다 앞선 것이다. 덴마크 도서관의 혁신은 예링에서 시작된 듯이 보였다.

예링도서관은 쇼핑몰 2층에 있지만, 입구에 오픈 공간이 있어 2층이 훤히 올려다 보이고, 쇼핑몰과 도서관이 따로 구분되지 않는다. 도서관은 면적이 5090제곱미터나 된다. 보통 3000제곱미터를 기준으로 큰 도서관으로 구분하는데, 이 정도면 무척 큰 규모의 도서관이다.

입구에 서니 안쪽에서 환영하는 문구가 크게 보였다. 어느 곳이든 입구는 방문하는 사람을 따뜻하게 맞이하는 분위기를 만들어야 할 것이다. 꽃을 놓고, 환영하는 인사글을 붙여 놓으면 도서관에는 그다지 관심이 없던 사람이라도 안쪽으로 한번 들어가 보고 싶은 마음이 생길 것이다.

입구부터 바닥에 그려진 빨간색 띠가 안내하듯이 안쪽으로 이어져 있는데, 바닥에만 있는 것이 아니다. 바닥에서 일어나 휘감듯이 도서관 안쪽으로 이어진다. 따라가고 싶은 충동을 자아내는데, 공간을 구분하는 띠가 되기도 하고, 진열대가 되기도 하고, 사서들이 업무를 보는 데스크가 되기도 하고, 자료를 검색하는 검색대가 되기도 한다. 길게 이어진 테이블이 되어 책을 읽는 사람도 있고, 양쪽으로 둘러앉아 간단한 소모임을 하는 사람들도 있다. 도서관에서는 이것을 커뮤니케이션 리본이라고 한다. 도서관을 연결하면서 이용자들에게 말없이 도서관을 안내하는 아주 독특한 장치이다.

서가는 구석이나 벽면 일부에 배치된 것을 제외하고는 대부분

예링시 중심가에 있는 대형 쇼핑몰 2층에 예링도서관이 있다. ⓒ윤송현

예링도서관 입구. 붉은색 리본이 도서관 곳곳으로 안내한다. ⓒ윤송현

4단, 5단이고, 어른 눈높이 수준을 넘지 않는다. 공간을 가로막지도 않고, 서가 사이가 넓어서 답답한 감이 전혀 없다. 서가 자체가 고급스럽고, 조명까지 더해져 저절로 책으로 손이 뻗어진다. 서가 사이 공간에 편안한 소파를 배치하여 몸을 파묻고 앉아 책을 읽고 싶은 충동을 자아낸다. 서가 곳곳에 책 표지가 보이도록 펼쳐놓은 곳이 많다. 북큐레이션이 따로 없다. 코너마다 책을 골라 펼쳐놓으면 그것으로 추천도서 코너가 된다.

따로 설명을 안 들어도 색과 분위기로 공간을 구분했다는 것을 쉽게 알 수 있었다. 어린이들을 위한 공간은 원색의 밝은 색조가 많이 사용되었고, 펼침면 서가와 창의적인 놀이 장치들이 마련되어 있다. 책놀이터라는 표현이 꼭 어울리는 곳이다. 우리가 어린이 코너를 둘러볼 때 한쪽에 유모차가 세워져 있고, 보호자는 테이블에서 커피를 마시고 있었다. 부근에 화장실도 있다. 어린이들이 놀다가 화장실 간다고 부모가 짐 싸들고 따라갈 필요도 없다. 전체적으로 공간이 넓어 편안한 느낌을 준다.

조용히 책을 읽는 공간은 차분한 색조에 책이 있는 거실과 같은 분위기이다. 몸이 잠기는 편안한 일인용 소파들이 있고, 주위의 배색도 밝기를 줄여 독서에 몰입할 수 있는 분위기를 자아낸다. 무슨 표시가 따로 없어도 누구나 조용히 하게 되는 공간이다. 조용히 공부를 하거나 친구들과 공동 작업을 할 수 있는 공간은 투명한 유리로 구분되어 있다. 은은한 커피 향을 따라가보니 20크로나(한화 3600원)에 커피를 마실 수 있는 카페가 있었다.

도서관을 만남의 공간으로

북유럽 도서관을 돌아보면 몇 가지 공통적인 방향성을 읽을 수 있다. 그중 가장 눈에 띄는 것이 도서관을 만남의 장소로 생각한다는 것이다. 도시 중심, 사람들이 많이 모이는 곳에 도서관을 만들려고 한다. 도서관은 조용하고 정숙해야 하는 공간이라는 관념은 거의 안 보인다. 어떻게든 사람들이 쉽게, 편하게, 많이 모일 수 있게 하려고 한다.

내부 구조도 마찬가지이다. 도서관 입구나 1층에 사람들이 이용하기 좋은 시설을 배치한다. 사람들을 만나거나 잠시 쉬어갈 수 있는 카페도 그렇고, 가볍게 뉴스를 살펴볼 수 있는 정기간행물 코너를 배치하기도 한다. 빠르게 컴퓨터로 자료를 검색할 수 있는 시설도 둔다. 그리고 도서관에서 일어나는 일들을 알려주는 다양한 알림판이 있다. 게시물을 붙이는 것은 옛날 방법이고, 지금은 넓은 모니터가 대신하는 경우가 많다. 지나가던 사람들, 무심코 도서관에 들른 사람들을 조금 더 도서관 안쪽으로 끌어들이기 위한 장치들이다. 헤아닝도서관에서 1층에 통로를 만들고, 카페를 만들고, 쉬어갈 수 있는 의자를 배치한 것이 좋은 예이다.

도서관에서 진행하는 다양한 프로그램도 결국 사람들을 만나게 하는 것이다. 뜨개질 모임은 가장 고전적인 모임이다. 긴 겨울 뜨개실을 들고 동네 도서관에 모여 뜨개질을 하면서 이야기를 나눈다. 수다 모임이라고도 할 수 있다. 아기들을 데리고 모여 육아에 관한 이야기를 나누며 스트레스도 풀고 정보도 얻어간다. 그러다 도움이 된다면 관련 책을 빌려간다. 독서 모임도 하고, 동호회 모임도 한다. 이민자들을 위한 언어카페도 어디를 가나 있고, 이민자 자녀들을 위한 숙제 교실도 열린다. 도서관에는 그런 모임들을 할 수 있는 공간을 만든다.

도서관 공간의 기본을 결정하는 것은 건축이다. 건물 구조를 정하려면 어떤 공간을 만들 것인지를 미리 정하고, 공간 특성에 맞춰 골조를 세우고, 벽체를 만들고 계단과 엘리베이터를 만든다. 그렇지만 공간 내부를 꾸미는 인테리어 영역을 명확히 구분하기는 어렵다. 건축과 인테리어는 사전에 건물에 구현하려는 의도를 공유하고, 긴밀하게 소통하면서 작업해야 한다.

 북유럽에서 도서관을 짓는 과정을 보면 전체 건물 콘셉트를 만드는 전략팀, 건물을 세우는 건축팀, 인테리어를 담당하는 팀, 가구를 제작하고 설치하는 팀이 따로 있다. 팀이 곧 별도의 전문 회사다. 발주처는 분야별로 전문 회사들과 계약을 하고, 전문 회사들은 처음부터 발주처인 도서관과 협의하고 다른 분야 회사들과 공유하면서 작업을 진행한다. 그리고 건축물 이력에 전략, 건축, 인테리어, 가구를 담당한 회사나 설계자가 기록된다. 모든 분야가 특성과 전문성을 갖고 있고, 서로 조화를 이루면서 작업을 진행한다는 것이다. 원청회사가 자기 편의대로 하청, 재하청을 주는 과정이 아니다.

 미국의 도시사회학자 레이 올덴부르크Ray Oldenburg는 비공식적인 공공의 모임 장소가 민주주의, 시민 참여를 위해 갖는 중요성을 언급하고, '제3의 공간'이라는 개념을 만들어냈다. 그는 누구에게나 집은 가장 기본적인 생활 공간으로 '제1의 공간'이고, 많은 시간을 보내는 직장은 '제2의 공간'이 된다. 그리고, '제3의 공간'이야말로 창조적인 상호작용을 더 자극하고, 촉진하는 공동체 생활의 중심이 된다고 강조하였다.

북유럽 도서관계에서 두각을 나타내고 있는 아트보스가 있다. 아트보스는 덴마크 헤아닝도서관을 비롯하여 네덜란드 허브케르크라데, 쾰른에 있는 칼크도서관, 오슬로에 있는 비블리오퇴인, 스토브도서관 등 북유럽에서 눈에 띄는 도서관 전략 수립과 건축을 담당하였다.

　아트보스는 공공부지, 특히 쇠락하거나 기능이 떨어진 공간을 다시 디자인하여 복합적인 문화공간으로 만들어내는 데 많은 성과를 거둬왔는데, 디자인 전략의 핵심은 바로 올덴부르크의 '제3의' 공간 창출이다. 제3의 공간은 도서관, 공연장, 문화센터를 포함하고, 상업공간을 포함하기도 한다. 아트보스는 공간에 대한 이해관계자들과 소통하면서 다양한 아이디어와 의견을 수렴하고, 그들의 비전과 인사이트를 결합하여 다수로부터 지지를 받는 창조적이고 매력적인 공간을 창출해왔다.

　아트보스는 말한다. "사람들은 점점 더 자신만의 공간으로 숨어들면서 사회로부터 스스로를 닫아가고 있다. 사람들이 서로에게서 멀어질수록, 가진 사람과 가지지 못한 사람의 구분은 더 커진다. 우리는 그 간극을 공공의 공간을 만들어 메워야 한다."

　아트보스의 작품 중에는 도서관, 공연장, 문화센터, 행정기관이 어우러진 복합공간이 많은데, 그런 복합공간에서 언제나 도서관이 중심을 이룬다. 도서관에서 강조하는 것은 거실 같은 분위기다. 제3의 거

아트보스의 작품인 네덜란드 케르크라데의 도서관 모습. 탄광 마을의 역사를 되살려놓았다. ⓒ윤송현

실, 사회적 거실이라고 할 수도 있고, 사회적 서재라고도 할 수 있겠다. 서가를 기본으로 하되, 편안한 곳, 익숙한 곳, 여유 있게 머물 수 있는 곳, 찾아오고 싶은 느낌을 구현하기 위해 공간을 구성한다.

쇼핑하는 사람은 미리 정해놓은 목록만 구입하지는 않는다. 물론 알뜰한 쇼핑을 위해서는 그렇게 하라고 권하겠지만, 쇼핑센터에 가면 우리가 알지 못하는 새로운 제품, 우리가 생각하지 못했던 기쁨과 기대감을 갖게 하는 제품들이 많이 있다. 그런 제품이 가격까지 합리적이라면 더 이상 자제가 필요한 것이 아니다. 서점을 방문하는 사람도 마찬가지이다. 사고 싶은 책을 미리 정해두고 가기도 하지만, 그런 정보가 없어도 오가는 길에 서점에 들르게 된다. 사려는 책이 있어도 서점에 들른 김에 다른 책들을 살펴본다. "어떤 책들이 있나?" 책 제목과 책 표지를 살펴보고 끌림이 있는 것은 책장을 후루룩 넘기며 몸의 반응을 타진한다. 떨림의 정도가 다음을 결정할 것이다. 그런 프로세스에 개입하기 위해 출판사에서는 제목 뽑기와 책 표지에 공을 들이고, 서점 좋은 자리에 책이 진열되게 하려고 노력한다.

그렇게 도서관에는 목적을 정해두지 않고 오는 사람도 많다. 목적을 정해두고 있어도 도서관은 부담이 없고, 선택의 폭도 많은 곳이다. 열람하거나 대출할 책이 있더라도, 다른 책이나 매체를 둘러보고 싶은 욕구도 같이 생긴다. 서가 사이를 지나며 자신이 알고 싶은 내용의 책들을 더 발견하게 되고, 이전에는 크게 관심을 갖지 않았던 것도 진열된 책들을 살펴보며 호기심을 갖게 되기도 한다. 서가에서는 언제든지 '뜻밖의 만남'이 이루어질 수 있는 것이다.

이용자들에게 그런 '뜻밖의 만남'을 이어주기 위해 도서관 사서들은 서가를 관리한다. 수서를 하는 기준을 만들고, 좋은 책을 수서하기 위해 다양한 시도를 한다. 수서한 책을 진열하는 것도 간단한 일이 아니다. 도서관 입구에 좋은 책을 소개하기 위한 북큐레이션 작업을 많이 한다. 새로 들여온 책들을 모아 '도서관에 새로 들어온 책' 코너를 만드는 경우가 많고, '환경을 살리는 책' '건강을 지키는 책' 등 시의적절한 주제를 정해 관련된 책들을 모아놓은 경우도 흔하다. 다른 사람이 빌려간 책은 관심의 대상이거나 인기가 있는 책일 가능성이 높기 때문에 '오늘 반납된 책' 코너를 만들어놓는 도서관도 많이 있다.

서점 같은 분위기를 만든 알미르도서관

 도서관 열람실이 명품숍만큼이나 화려하고 눈부시다. 물결치듯 이어지는 서가들이 고급 상품을 판매하는 진열대처럼 보인다. 잘 디자인된 표지들을 내세우며 진열된 책이 책등을 보이며 꽂혀 있는 책보다 많다. 책을 찾기도 쉽고, 표지를 보면서 펼쳐보고 싶은 욕구를 갖게 된다. 웬만한 서점보다 훨씬 여유가 있고, 디스플레이가 잘된 모습이다. 이런 책 진열은 도서관 사서들이 오랜 기간 고민하고 실험한 끝에 만들어낸 혁신의 결과이다.

 서점 같은 도서관. 소매점 같은 도서관. 요즘 새롭게 떠오르는 도서관 트렌드를 대표하는 곳이 바로 네덜란드 알미르의 새로운도서관이다. 2000년대 들어 IT 보급으로 도서관 이용률이 점점 줄어들고 있었다. 도서관 이용률이 줄어드는 것을 고민하던 사서들은 도서관을 방문하는 사람들이 좀더 쉽게 책에 다가갈 수 있도록 서가를 서점처럼 꾸미는 방안을 시도해보았다. 서점에서는 사람들에게 인기를 끌거나, 신간 도서 중에 추천할 만한 책들을 판매대에 펼쳐놓아 표지가 잘 보이도록 진열하는데, 그렇게 해서 책을 모르고 방문한 사람들이 즉석에서 호기심을 갖고 책을 펼쳐보게 하기 위한 것이었다.

 알미르도서관 사서들은 2003년부터 서점과 같은 평면 진열을 시

서점 같이 디스플레이된 알미르 새로운도서관. ⓒ윤송현

도해보았다. 물론 사서들에게는 일거리가 훨씬 많아진다. 그러나 그들은 책을 관리하는 역할보다 시민들에게 책을 권하는 역할을 더 중시하였다. 사서들의 시도는 시민들로부터 좋은 호응을 얻었고, 도서 대출이 다시 늘었다.

그 후 오래된 도서관을 시내 중심으로 이전하는 계획을 추진하면서 알미르도서관 사서들은 도서관 건축 단계에서부터 이용자의 입장을 더욱 중시한 혁신을 시도하였다. 열람실 공간을 구성할 때 처음부터 서점과 같은 분위기가 연출되도록 인테리어를 설계하고 서가를 만들었다. 그리고 또 하나, 도서 분류를 기존의 십진분류가 아니라 주제 중심으로 전환하였다. 서가를 문학, 역사, 철학, 사회과학, 자연과학 식으로 구분하는 것이 아니라 환경, 교육, 역사, 예술 등 주제별로 분류한 것이다. 환경 코너에는 환경 문제와 관련된 사회과학, 자연과학 책들은 물론이고, 시나 소설, 수필 등의 창작물을 함께 진열하였다. 환경에 관심을 갖는 사람들이 한 곳에서 분야를 넘나들며 책을 찾아볼 수 있게 하였다. 주제별로 다른 색과 디자인을 이용하여 뚜렷하게 구분하였다. 책을 관리하는 시각을 버리고, 책을 고르는 이용자의 시각에서 혁신을 모색한 것이고, 이 혁신은 알미르 시민들로부터 많은 지지를 얻었다.

서가 사이를 걸으면 진열대 표지들이 모두 살아나서 말을 걸어온다. 전에 알던 사람이 진지하게 말을 걸기도 하고, 만난 적 없는 사람이 재미있는 이야기를 들려주겠다고 꼬드기기도 한다. 바다 건너 뉴욕에서는 새로운 흐름이 무엇인지 알려주기도 하고, 행복하려면 어떻게 해야 하는지 알려주기도 한다. 새로운 자극과 아이디어가 머릿속에 차오르는 느낌이 든다. 도서관 서가 사이를 걸었는데.

네덜란드의 도서관을 둘러보면, 새롭게 만들어졌거나 리모델링을 거친 도서관들은 대부분 새로운도서관처럼 열람실을 서점처럼 꾸며 놓고 있다. 다른 곳에서 시도하여 좋은 반응을 얻은 것은 빠르게 수용하는 것이다.

가구와 조명이 분위기를 만든다

　핀란드에서 스웨덴, 덴마크에 이르기까지 북유럽은 모두 디자인 강국으로 꼽힌다. 일반 시각디자인부터 제품디자인, 산업디자인, 건축까지 실용성을 기반으로 하면서도 다양하고 세련된 특징을 간직하고 있다. 숲이 많고 목재 자원이 많은 북유럽에서는 특히 가구 산업이 발달해 있다. 세계적인 가구 업체인 이케아는 스웨덴 시골에서 가구 주문 제작으로 시작한 기업이다.

　북유럽에서는 정규 학교 교육 과정에 기술을 배우는 시간이 많은데, 그중에서도 목공은 거의 필수 과목이다. 스웨덴 남자와 결혼한 교민을 만난 적이 있는데, 그녀는 자기 남편의 머릿속에는 온통 집안 고치는 일로 가득 차 있는 것 같다고 푸념을 했다. 대부분 가정마다 상당한 수준의 장비를 갖추고 있다. 집안을 손보고 정비하는 일을 웬만하면 외부 업체에 맡기지 않고 직접 하는 것이 기본으로 인식되어 있는 것이다. 그만큼 가구에 대한 안목이 높다.

　북유럽 건축 문화에서는 가구를 매우 중요하게 여긴다. 건축가들은 건물 설계만 하고 마는 것이 아니라, 배치될 가구까지 디자인하고 제작하는 경우가 많다. 오래된 도서관의 이력을 살펴보면 그런 사례들을 발견할 수 있는데, 1928년에 개관한 스톡홀름시립도서관에 있는 가구들은 설계자 군나르 아스플룬드Gunnar Asplund, 1885~1940* 가 직접 디자인하고 제작한 것이라고 한다.

현대에 와서는 대형 건축물을 발주할 때, 인테리어와 가구 부분을 분리하여 동시에 발주하는 경우가 많다. 건축 단계에서부터 건물의 콘셉트, 특성을 공유하고 그에 맞게 전문성을 바탕으로 창의적인 아이디어를 쏟아내 합체하는 것이다.

북유럽 도서관을 다녀보면 가는 곳마다 가구들이 새롭고 인상적이다. 먼저 서가가 다르다. 재질도 구조도 모양도 다르다. 똑같은 서가나 테이블, 의자를 찾아보기 어렵다. 조립식 제품으로 만든 서가는 한 번도 보지 못하였다. 느낌이 좋은 목재를 살리고, 서가에 꽂힌 책들이 잘 보이도록 세심하게 조명을 설치한 서가들이 배치된다. 테이블도 다르고, 구석구석에 놓아둔 의자나 소파도 다르다. 열람실을 구성하는 가구부터 딱딱한 공공장소의 이미지가 아니라 개성 있고 아늑하고 편안한 거실과 같은 분위기를 연출한다. 무심코 들렀더라도 잠시 앉아보고 싶게 하는 공간을 만드는 것이다.

북유럽 건축은 자연채광을 중요하게 여긴다. 겨울이 길기도 하지만, 겨우내 구름이 짙게 끼어 있어 해를 볼 수 있는 날이 드물다. 햇빛

---

* 스웨덴의 건축가, 1920년대 노르딕 클래시즘을 대표하는 건축가다. 스톡홀름시립도서관과 예테보리 법원이 대표작이다. 핀란드의 건축가 알바 알토에게 영향을 주었다.

에 대한 갈망이 있다 보니 일반 주택이나 건물에도 창이 많고, 큰 건물에서는 천장에 창을 내는 경우가 많다. 창이 많다고 단열을 소홀히 하는 것은 아니다. 난방과 단열도 매우 중요하다. 에어비앤비를 이용해 일반인 집에 투숙할 때마다 자세히 집을 살펴보면 창이 매우 정교하게 제작되어 있었다. 모든 창호는 미닫이가 아니라 여닫이 구조로, 가장자리에 솔이나 고무 패킹을 끼우고 당겨서 닫으면 집 안의 온기가 새어나가지 않는다. 오래된 집에 있는 유리창도 대부분 이중 삼중의 페어글라스를 사용할 뿐 아니라, 이중 유리창 사이에도 공간을 두기 위한 장치들을 정교하게 만들어놓는다.

핀란드 헬싱키에 가면 매우 독특한 구조의 도서관을 만날 수 있다. 헬싱키대학교 도서관에서는 건물 내 자연채광을 하는 구조가 예술적인 영감을 불러일으킨다. 아래로 내려올수록 넓어지는 유선형 구조로, 꼭대기의 좁은 공간을 통해 들어온 햇빛이 자연스럽게 건물 내로 퍼진다. 헬싱키 시벨리우스공원 근처에 있는 툴루Töölö도서관은 자연채광을 위해 층별로 만든 홀이 겹쳐서 사람 눈 모양의 도형을 연출하고 있다. 핀란드 디자인의 깊이를 느낄 수 있는 지점이다.

코펜하겐 바닷가에 있는 덴마크 왕립도서관은 부족한 열람 공간을 늘리기 위해 오래된 건물을 그대로 두고, 바다 쪽으로 새로 건물을 지어 연결하였다. 바다 쪽으로 돌출된 건물은 다각형 모양의 입면체를 검은 대리석과 유리로 둘러싸 블랙다이아몬드로 불리고 있다.

블랙다이아몬드 전경. 오른쪽 검은색 건물이 새로 지은 도서관이고, 뒤쪽 벽돌 건물은 예전 도서관 건물이다.
ⓒ윤송현

 코펜하겐에 가면 건물 구경 삼아서라도 블랙다이아몬드에 가보기를 권한다. 외관도 멋지지만 안으로 들어가면 놀라움의 연속이다. 1층에서부터 건물 꼭대기 층까지 이어진 탁 트인 공간과 중앙 에스컬레이터, 그리고 좌우로 자리 잡은 열람실 구조가 보는 사람을 압도한다. 그리고 다시 돌아서면 건물 전면이 유리로 되어 있어서, 어느 층에서나 바다가 훤히 내다보인다. 저절로 그곳에 앉아 책을 펼쳐보고 싶은 기분이 든다. 통로를 따라 옛 건물로 들어가면 고전적인 아름다움이 빛나는 공간이 이어진다. 테이블마다 녹색등이 켜 있는 학습실,

3층까지 이어진 정방형의 고서 공간은 영화의 배경처럼 신비롭고 아름답다.

  건물에는 여러 가지 철학적 의미를 담았다고는 하지만, 애써 해석하지 않더라도 자연스럽게 몸의 떨림으로 느낄 수 있다. 건물만으로도 사람들을 불러들이고, 한번 불러들인 사람은 자꾸 오고 싶게 한다. 사람의 마음에 그런 파장을 만들기 위해 엄청난 투자를 아끼지 않는 것이다.

3장
새로운 도서관 서비스

도서관은 책 보관소가 아니다

"BOGSALG SALE 10" 코펜하겐시립도서관 1층 한쪽에 표찰이 붙어 있고, 바퀴가 달린 이동식 서가 위에 책들이 놓여 있다. 이 정도면 덴마크어를 몰라도 금방 알아차릴 수 있다. 헌책을 10크로나(덴마크 화폐 단위)에 파는 것이다. 우리 돈으로는 1800원 정도이다. 도서관 서가에서 골라낸 책을 사람들이 저렴하게 사갈 수 있게 한 것이다. 우리는 우르르 몰려들어 호기심 어린 눈으로 책을 뒤적여보았다. 덴마크어로 되어 있어 내용을 잘 알 수 없지만, 상태가 멀쩡했다. 일러스트나 장정만 보고 몇 권을 골라 챙겼다.

이런 모습은 북유럽 도서관에서는 흔히 볼 수 있다. 수시로 장서를 체크해서 오래 이용되지 않는 책 중에 계속 보관할 가치가 없다고 판단되는 책들은 적극적으로 솎아낸다. 도서관이 많아진 덕이기도 하다. 동네마다 도서관이 있다 보니, 그 많은 도서관에서 모두 책을 계속 쌓아두고 있을 필요도 없고, 그럴 만한 공간도 없다. 제일 중요한 것은 도서관이 네트워크로 연결되어 도서관 간에 상호대차가 잘되고 있다는 것이다. 어느 도서관에 있더라도 대출 신청을 하면 가까운 도서관에서 책을 대출받을 수 있다. 반납도 마찬가지이다. 어디를 가든 가까운 도서관에 가서 반납하면 된다.

그러니 도서관이 많은 책들을 쌓아두고 있을 필요가 없다. 책을 많이 소장하고 있는 것이 도서관을 평가하는 기준이 되지는 않는다. 1억 유로를 들여 개관한 핀란드 오디도서관은 장서 관리 기준이 10만 권이다. 더 이상 책을 진열할 서가도 만들지 않았다.

2019년 핀란드 자치단체에서 운영하는 공공도서관의 장서 관리 현황을 살펴보자. 전체 도서관이 소장하고 있는 장서는 33,970,056점이고, 2019년에 서가에서 빼내어 제적한 것은 2,493,768점이다. 장서 대비 7.34퍼센트다. 2019년에 새로 취득한 장서는 모두 1,756,706점이다. 새로 취득한 것보다 제적한 것이 737,062점이나 많다. 도서관에서 장서를 늘리는 것이 아니라, 장서를 줄이는 것이다.

핀란드 주요 도시 장서 관리 현황

	에스포	헬싱키	탐페레	자치단체 전체
인구	283,632	648,042	235,239	5,488,073
공공도서관수	19	39	16	853
장서 총계 ①	743,793	1,852,865	964,172	33,970,056
수서 총계 ②	65,493	146,779	65,773	1,756,706
제적 총계 ③	70,508	185,883	114,207	2,493,768
대출 총계 ④	4,231,894	9,406,946	4,869,149	85,956,917
제적률(제적수/장서수) ③/①	9.48	10.03	11.85	7.34
수서-제적 ②-③	−5,015	−39,104	−48,434	−737,062
순환률(대출/장서)④/①	5.69	5.08	5.05	2.53

(자료, 2019년 핀란드 도서관 통계)

장서가 줄고 있는 것은 2019년만의 특별한 사정이 아니라 꾸준한 흐름이다. 장서는 줄고 있지만, 이에 비해 대출은 유지되고 있고, 장서의 대출 순환도 권당 5회를 넘고 있다. 장서를 줄이는 대신 사람들을 위한 공간을 확보하고, 이용자의 요구에 대해서는 상호대차 등 예약 서비스를 제공하여 이용자에게 불편함을 주지 않고 있다.

우리나라에서는 오래도록 보유 장서 수를 도서관을 평가하는 주요 기준으로 삼았다. 지금은 평가 항목에서 제외하지만, 직전년도 대비 장서 수 변동 사항을 평가 항목에 넣고 있다. 자치단체에서 장서 확보 예산을 더 확대할 것을 강제하려는 장치이다. 제적에 대해서는 도서관법을 비롯하여 지방자치단체 조례에서도 장서 대비 연 7퍼센트 기준으로 '할 수 있다'고 용인하고 있으나, 제적을 제대로 시행하고 있는 곳은 찾아보기 힘들다. 책이 행정자산으로 분류되어 제적하기가 어렵다는 이야기도 들린다. 그래서 개관한 지 10년쯤 되면 도서관 열람실이 책으로 가득 차게 되고, 서가 사이를 다니기도 힘들게 된다.

네트워크로 서비스한다

북유럽은 나라마다 모든 도서관이 네트워크로 연결되어 있다. 모든 국민은 자치단체에 관계없이 똑같은 도서관 서비스를 받을 수 있어야 한다. 시골 지역도 네트워크를 통해 대도시와 똑같은 서비스를 받을 수 있어야 한다.

그 나라에 거주지가 있는 사람은 누구나 공공도서관 이용 카드를 발급받을 수 있고, 공공도서관 카드가 있는 사람은 그 나라의 모든 공공도서관을 이용할 수 있다. 직접 방문해서 이용할 수 있는 것은 물론 인터넷으로 검색을 해서 원하는 자료를 찾으면 가까운 공공도서관을 통해 대출받을 수 있다. 도서관 간에 상호대차가 제한 없이 이루어지는 것이다. 거기에는 국회도서관을 비롯하여 대학도서관도 포함되고, 연구 기관에서 운영하는 도서관도 포함된다. 기본적으로 세금이 운영 재원으로 투입되는 도서관은 모두 시민에게 개방된다. 이 점에서 북유럽 국가들은 모두 같은 수준을 유지하고 있다.

스웨덴에는 현재 290개 기초자치단체가 있다. 예전에는 2000개가 넘었지만, 농촌 지역 인구 축소로 1970년대부터 행정 통합이 꾸준히 진행된 결과이다. 이 기초자치단체에 중심이 되는 중앙도서관이 있고, 분관들이 있다. 중앙관은 분관 외에 도서관 서비스를 받기 어려운 지역 주민을 위해 이동도서관을 운영하는 곳이 많다. 인구 70만인 스톡홀름에는 스톡홀름시립도서관과 44개 지역 분관, 3개 병원도서관, 1개 이동도서관이 있다. 1개 중앙관을 중심으로 48개 분관이 있는 형태이다. 인구 약 3만 명인 우플란드브로Upplands-bro 콤뮨에는 중앙관인 브로도서관과 분관인 쿵셍엔도서관이 있다.

광역 행정단위인 렌의 도서관 업무를 부여받은 광역 도서관은 20개소가 있는데, 광역 도서관은 그 렌에서 가장 큰 지역 중앙관이 역할을 수행하고 그에 따른 예산을 렌에서 지원받는다. 광역 도서관은 구역 내 도서관에 대한 상호대차 업무를 지원하고, 사서 교육을 담당하며, 지역 내 도서관이 법에 따라 잘 운영하는지 점검한다.

그리고 지역 도서관을 지원하는 정보·대출 센터로서 북부 지역에 우메오도서관, 중부 지역에 스톡홀름시립도서관, 남부 지역에 말뫼중앙도서관을 운영하고 있고, 왕립도서관과 함께 우메오도서관이 납본 및 보존 도서관으로 지정되어 있다.

자치단체 도서관 네트워크를 기본으로 하고, 광역 도서관 네트워크와 전국 단위 네트워크가 잘 연결되어 이용자 요구에 촘촘하게 대응하고 있다.

핀란드 도서관 네트워크는 스웨덴보다 더 체계적이다. 전국 도서관이 계층적으로 연결되어 있다. 광역 도서관에서는 기초자치단체 도서관에 대한 정보 제공, 사서 교육, 예산 지원 업무를 담당하고, 광역 단위 상호대차, 타관 반납 업무를 처리한다. 광역 도서관에는 기초자치단체 도서관 운영을 독려하고 점검하는 감독관이 따로 있는 것도 특징이다. 정보통신이 발달하면서 상호대차 업무에도 변화가 생겼다. 이전에는 광역 도서관에서 소속 도서관의 장서 목록을 갖고 각 도서관의 상호대차 요청에 대응하였으나, 이제는 인터넷을 통해 모든 도서관이 장서 목록을 오픈하고 공유하기 때문에 이전과 같은 계층적인 업무 처리가 불필요해졌다. 도서관 간에 수평적이고 직접적인 소통으로 상호대차 업무 처리가 이루어진다.

헬싱키시립도서관은 37개 분관의 장서 구입을 중앙관에서 모아서 한다. 분관 이용자와 사서들의 의견을 반영하면서도 전체 도서관의 장서를 균형 있고 효과적으로 관리하기 위한 것이다. 각 도서관에서는 장서 구입을 위한 많은 업무를 줄일 수 있고, 장서의 중복이나 편중을 줄이고 전체 장서의 폭을 넓혀 이용자의 요구에 보다 쉽게 대응할 수 있다는 장점이 있다.

헬싱키시립도서관은 한발 더 나아가 2019년부터 인공지능을 장서 관리에 적용하여 '플로팅 컬렉션floating collection'이라는 혁신적인 시도를 하고 있다. 인터넷이 발달하여 다른 도서관의 장서를 대출하는 상호대차가 많아지고, 대출한 도서를 가까운 도서관에 반납하는 타관 반납 이용자가 많아지는 상황에서 "타관에 반납한 도서를 다시 원래의 도서관으로 옮겨놓아야 하는가?" 하는 의문이 제기된 것이다. 다른 도서관에서 대출된 책이라고 해도 반납을 받은 도서관에서 가지고 있다가 다음 대출 요청에 응하면 되는데, 굳이 그것을 대출한 도서관에 돌려놓을 필요는 없다는 생각이다.

헬싱키시립도서관은 이 문제를 해결하기 위해 인공지능을 이용한 장서 관리 프로그램을 개발하고, 다음 대출 신청이 있을 때까지 반납을 받은 도서관에서 장서를 보관하는 방식을 도입하였다. 이렇게 하면서 장서 반납 과정과 물류 업무가 훨씬 줄어들었고, 사서들은 고유 업무와 서비스에 더 충실할 수 있게 되었다. 또 자연스럽게 장서가 이용자가 있는 도서관에 더 머무르고 배치되는 효과도 생겨 이용자 욕구에 따른 장서 관리가 자연스럽게 이루어진다.

도서관이 네트워크로 서비스를 하는 것은 그리 간단한 일이 아니다. 우리나라에서는 대학에서 운영하는 도서관, 교육청에서 운영하는 도서관, 지자체에서 운영하는 도서관이 같은 지역에 있어도 교류가 거의 없다. 교육청 도서관 옆에 지자체에서 도서관을 따로 지은 곳도 많다. 상호대차도 하지 않는다. 모두 세금을 지원해서 운영하는 공공도서관인데 말이다.

창조를 위한 공간, 메이커스페이스

북유럽 도서관에는 어딜 가나 무언가를 만드는 공간이 있다. 책을 읽고 토론하는 것에 그치지 않고, 자신이 생각한 것을 만들어내는 공간이다. 3D 프린터는 어디를 가나 눈에 띈다. 전시품이 아니다. 방금 사용한 흔적이 남아 있기도 하고, 사람들이 앉아서 사용하기도 한다. 사용자 옆에는 이용하는 것을 지켜보며 코치해주는 사람도 있다. 누구나 컴퓨터로 디자인하거나 설계한 것을 실물로 만들어볼 수 있다. 재봉틀도 흔하게 볼 수 있다. 재미있는 것은 재봉틀에 앉아 있는 사람 중에 남자들도 많다는 것이다. 자기가 디자인한 것을 다양한 제품으로 만드는 코팅기도 있고, 티셔츠에 자기만의 디자인을 인쇄하는 장치도 있다. 이런 공간을 메이커스페이스라고 부른다.

핀란드 셀로도서관은 2014년에 도서관 1층 중앙에 메이커스페이스를 열었다. 이 공간에는 3D 프린터, 3D 스캐너, 비닐프린터, 비닐커터, 라미네이터, 배지메이커, 재봉틀, 포스터 프린터, 이미지 스캐너, VHS, VHS 디지타이저, 파쇄기, 열압착 프레스, 다리미와 다리미판 등 개인적으로 소유하기 어려운 도구나 장비들을 다양하게 갖추고 있다. 이용자들은 인터넷으로 장비 사용을 예약할 수도 있다. 장비 사용법을 모르면 도서관 스태프로부터 교육을 받을 수도 있다. 장비 사용은 무료이다. 주민들이 자전거를 많이 이용하는 점을 고려하여 자전거를 직접 수리할 수 있는 자전거 서비스 포인트도 있다. 이곳에서는 개인 자전거를 정비하기 위한 장비나 공구를 사용할 수 있다. 수리 스탠드, 펌프, 오일이 있어 튜브 교체도 가능하다. 도구를 빌릴 수도 있다. 스태프를 예약하여 조작 기술을 배울 수도 있다.

휴대할 수 있는 품목들은 대여가 가능하다. 무선 드릴, 무선 스크루드라이버, 레이저 측정기, 적외선 표면 온도계, 적산전력계, 소음측정기, 임팩트 드릴, 라돈측정기 등을 빌릴 수 있다.

이런 도서관의 변화는 어떻게 이해해야 할까? 1990년대 이후 대체로 도서관에서 직접 책이나 자료를 대출하는 것은 줄어들고 있다. 그런데 도서관을 방문하는 사람들 수는 줄지 않았고, 오히려 늘어나는 경우도 많았다. 사람들은 도서관을 책 때문에만 방문하는 것이 아니라, 그 이상으로 다른 것들을 기대하고 있다는 것을 알게 된 것이다. 직접 사람들을 만나고, 자극을 받고, 영감을 얻고, 그 영감을 구현하기 위한 기술을 배우고, 결국 무엇인가를 만들어낸다. 그런 모든 활동 과정에 도서관이 배경이 되어서 도움을 줄 수 있다.

메이커스페이스는 독일에서 싹이 튼 해커스페이스hackerspace에서 뿌리를 찾기도 한다. 해커스페이스는 1995년 베를린에서 만들어진 시베이스C-Base에서 시작되었다. 해커스페이스는 컴퓨터 프로그래머 그룹이 단체로 한 곳에 모여 시설을 공유하고 같이 일하는 곳이었다. 그들은 같이 모여 작업을 하면서 기존에 개발된 기술을 낱낱이 분해해보고, 그 과정에서 그 기술이 처음에는 의도하지 않았던 다른 것들을 만들곤 했다. 기존의 기술을 창조적으로 해체한 것이다. 지금 우리에게 들리는 '해킹'은 다른 의미로 해석되곤 하지만, 해킹의 시작은 그렇게 공유와 창조의 의미를 갖고 있었다. 그리고 새로운 테크놀로지를 사용하는 첨단 장비들이 보급되면서 개인이 소유하기 힘든 장비들을 공유할 수 있는 공간이 다양한 형태로 만들어지기 시작했다. 학교에서도 만들고, 단체에서도 만들고, 별도로 기구를 만들어서도 만들고. 그리고 새로운 도서관을 향한 고민이 메이커스페이스로 자리를 잡기 시작한 것이다.

이런 공간에는 전문 스태프가 상주하는 것도 눈여겨봐야 한다. 개인 이용자들도 많지만, 학급 단위, 그룹 단위로 프로그램을 하는 팀들도 많다. 모두 인터넷 예약을 통해 진행되고, 전문 스태프의 사전 교육과 지도가 뒤따른다.

메이커스페이스 활동이 창업으로 이어지는 경우도 많다. 새로운 첨단 장비를 사용하여 자신의 생각을 구현하는 과정에서 새로운 비즈니스 스타트업을 위한 인큐베이터가 되는 것이다. 도서관에서 길러진 문화의 힘이 실물 경제에서 새로운 창조의 싹으로 피어나는 성과를 내는 것이다.

스튜디오까지 갖춘 음악 자료 서비스

알고 보면 북유럽은 음악의 나라이다. 핀란드의 오케스트라 수준은 음악의 나라로 알려진 오스트리아와 어깨를 나란히 한다. 직업 교향악단만 30여 개가 되고, 전국에서 음악 전문 축제가 열리는 곳이 70여 곳이나 된다. 여름이면 어느 지역을 가나 음악 축제가 열린다. 세계적인 그룹 아바가 스웨덴 출신이라는 것은 많이 알려져 있지만,

카디건스, 켄트, 잉베이 말름스틴 등 알려지지 않은 뮤지션들이 많다. 스웨덴에는 세계적인 프로듀서들도 많다. 본조비, 저스틴 팀버레이크 등 세계적인 가수들과 같이 작업을 하고, 미국 작곡가·작가·출판인협회ASCAP 팝뮤직어워드Pop Music Awards에서 '올해의 작곡가상'을 열 번이나 수상한 맥스 마틴도 스웨덴 출신이다.

북유럽에서는 어디를 가나 이어폰을 끼고 음악을 듣는 사람들을 많이 볼 수 있고, 집에 가보아도 좋은 음향기기와 많은 콤팩트디스크CD, 레코드판LP 장식장을 쉽게 볼 수 있다. 자연환경 때문이라고 말하는 사람도 있다. 겨울이 길다. 겨울에는 밤도 길고, 낮에도 해를 보기가 어렵다. 음악이 없다면 우울해지기 쉬운 것이다.

여하튼 일상에서 음악을 접할 기회가 많다. 어린 시절부터 학교에서 음악을 많이 가르친다. 스웨덴 학교에서는 학생들이 피아노는 기본으로 하고, 악기를 한 가지 이상 배우게 한다. 방과후에도 음악 프로그램에 참여하는 학생들이 많다. 어릴 때부터 음악을 많이 배우고, 또래들과 밴드를 만들어 발표회를 한다.

일상에서 음악 활동을 지원하는 플랫폼은 역시 도서관이다. 도서관에 가면 어느 곳이나 음악 자료 코너가 있다. 다양한 장르의 CD는 물론이고, 레코드판도 갖추고 있고, 헤드폰을 사용하여 직접 들어볼 수도 있다. 다양한 악보와 음악 관련 자료도 갖춰져 있다. 규모가 있는 도서관에는 악기들도 잘 갖춰져 있어서, 이용자가 직접 연주를 하며 녹음을 할 수도 있다. 기타를 비롯하여 간단한 악기들은 대여도 할 수 있다.

　헬싱키를 중심으로 한 네트워크인 헬멧은 음악에 끼가 있는 사람들에게는 거의 천국과 같은 곳이다. 음악과 관련한 거의 모든 서비스를 무료로 이용할 수 있다. 헬멧 네트워크를 통해 CD, LP, 악보, 책자, 잡지, 전자책은 물론이고, 악기, 뮤직룸, 스튜디오, 공연 무대 현황을 한눈에 파악할 수 있다. 신시사이저 키보드는 엔트레세도서관을 비롯하여 5곳에 있고, 디지털 피아노는 13곳, 어쿠스틱 드럼은 3곳, 일렉트릭 드럼은 4곳에 있다. 뮤직룸은 셀로도서관을 비롯하여 8곳에 있고, 녹음 스튜디오는 7곳에 있고, 공연을 할 수 있는 무대는 5곳에 있다. 이런 장비와 시설들을 언제 이용할 수 있는지도 헬멧 사이트를

셀로도서관 내에 있는 음악연주실. 음악 자료와 악기, 장비를 자유롭게 이용할 수 있다. ⓒ윤송현

통해서 쉽게 파악하고 예약할 수 있다.

　심지어 직접 대면하여 음악을 지도해주는 개인 코치도 있다. 개인 코치는 미리 예약을 하고, 자신이 녹음한 음악 파일을 보내거나 직접 연주하며 상담을 받고 코치를 받을 수 있다. 도서관이 전통적인 장서 관리에 머무르지 않고, 시대의 흐름에 맞춰 주민들의 문화 욕구를 파악하고, 그에 적극적으로 대응하여 문화 활동을 지원하기 위해 노력하고 있는 것이다.

장애인이 이용하기 편한 도서관

　스톡홀름에서는 휠체어를 타고 가는 사람을 쉽게 만날 수 있다. 버스를 타도 만날 수 있고, 지하철을 타도 만날 수 있다. 도심만 그런 것이 아니다. 외곽 지역에 가도 그렇다. 모든 대중교통 수단이 장애인이나 유모차가 쉽게 탈 수 있는 저상버스이고, 도로나 건물에는 턱이나 장애물이 없다.

　북유럽에서는 어디를 가나 장애인을 특별하게 대하지 않는다. 장애가 있는 어린이를 따로 분리하여 보호하거나 교육하려 하지 않는다. 가능한 한 일상을 장애 어린이와 비장애 어린이가 함께 지내게 한다. 장애인을 위한 제도도 보호보다는 자립에 초점이 맞춰져 있다. 장애인의 기술 교육, 직업 교육이 체계화되어 있고, 기업체에서도 능력만 있다면 장애인 고용에 차별을 두지 않는다.

그런 분위기는 도서관에서도 쉽게 느낄 수 있다. 북유럽 도서관은 기본적으로 차별 없는 정보 제공을 핵심적인 가치로 여긴다. 어떠한 명분으로도 차별적인 조치는 인정되지 않는다. 지역별로 도서관 이용이 어려운 사각지대가 없도록 노력하고, 정보 취약 계층을 위한 서비스에 더 열을 올린다. 장애를 이겨내고 스스로 자립할 수 있게 정보 접근을 매우 중요하게 여긴다.

모든 도서관은 장애인 서비스가 매우 충실하다. 일반 열람실은 휠체어를 타고 이용하기에 아무런 어려움이 없다. 장애인실이 따로 구분되어 있지도 않다. 열람실이 모두 연결되어 있을 뿐 아니라, 서가 사이가 넓어 휠체어를 타고도 서가 사이를 다니며 원하는 자료를 찾아볼 수 있다. 시각장애인을 위한 서가가 별도로 마련되어 있을 뿐이다. 그곳에는 점자책은 물론 음성도서가 다양하게 준비되어 있다. 직접 촉감을 느낄 수 있도록 소재를 붙여서 만든 책들도 있다. 도움을 요청하기 전에는 장애인이라고 특별히 관심을 더 보이지도 않는다.

우리나라 공공도서관도 장애인을 위한 설비를 잘 갖추고 있다. 건물에는 대부분 휠체어를 타고 들어갈 수 있는 시설이 있고, 장애인이 이용할 수 있는 여러 장비가 있다. 휠체어 이용자를 위한 높이 조절 테이블이 있는 곳도 많고, 저시력자를 위한 설비도 많다. 오디오북 시설도 대부분 갖추고 있다. 정부에서 권장하고, 관련 예산도 여유 있게 지원하고 있다. 그런데, 대부분 장애인실을 따로 만들어놓는다. 일반 열람실에는 다가가기 어렵다. 휠체어를 타고는 일반열람실을 들어가기도 어렵고, 열람실에서 서가 사이를 다니며 책을 찾아보기도 어렵다. 그래서 실제 도서관을 이용하는 장애인은 거의 없다. 대신 장애인들이 많이 이용하는 것은 책배달 서비스이다. 도서관에 다니기 힘든 장애인이 인터넷으로 서비스 예약을 하면 도서관에서 우체국 택배를 이용해 책을 배달해주는 서비스이다.

이민자를 포용하는 다언어 서비스

헬싱키시립도서관 중앙관 역할을 하던 파실라도서관에 갔더니, 열람실 서가에 다양한 언어의 외국어 도서가 많았다. 호기심에 찾아보니 한국어 책도 있는데 책들이 낡았고, 수량도 많지 않았다. 안내를 해준 사서에게 우리가 귀국해서 책을 보내주고 싶다고 했더니 가볍게 웃어넘겼다. 핀란드에서는 이용자들의 요청을 중시하기 때문에, 요청에 따라 책을 수서한다는 것이다. 책을 구하기 힘들어서 수서하지 않는 것이 아니라, 이용자가 없는 자료는 비치하지 않는다는 것이다. 규정상 같은 언어를 사용하는 사람이 100명 이상 거주하는 지역에서는 해당 언어의 자료를 비치해야 한다고 한다.

아프리카와 서남아시아 지역의 정세 불안으로 야기된 난민 문제에 비교적 관대한 곳이 북유럽이다. 그중에서 스웨덴은 가장 관대해서 다른 북유럽 국가들이 난민들에게 문을 닫았을 때도 스웨덴은 계속 문을 열었다.

북유럽에는 난민 성격을 띤 이민자들이 매우 많은데, 한번 받아들인 이민자는 내국인과 똑같이 인정하고 대우해야 한다. 말이 안 통하고 글을 모르는 이민자들을 포용하여 자국의 문화를 이해시키고, 생산적인 노동력으로 전환하여 공동체의 일원이 되도록 하는 것을 매우 중요한 과제로 여긴다. 이민자들이 일시적으로 생활하는 데 문제가 없도록 지원하는 데 그치는 것이 아니라, 장기적으로 사회에 기여할 수 있는 건전한 구성원이 될 수 있도록 노력하는 것이다.

기본적으로 자국어 문해력을 갖추게 하는 것이 중요하고, 시대가 요구하는 디지털 문해력을 갖게 하는 것도 매우 중요하다. 언어 교육을 하는 기관이 별도로 있지만, 기본 언어 교육 외에 다양한 매체를 접하고 필요한 정보를 얻어 이용할 수 있게 하는 것은 도서관의 역할이다. 도서관에서 이민자를 위한 언어카페를 열고, 이민자와 함께하는 프로그램을 진행한다. 이민자 부모들의 문해력이 떨어지기 때문에 아이들의 학교 과제를 도와주는 프로그램도 운영한다.

이민자들이 모국어를 사용하고 자신들의 문화를 지켜가게 하는 것

헬싱키 파실라도서관 어린이 코너 사서 데스크. 이민자를 향한 자세를 잘 보여주고 있다. ⓒ윤송현

도 도서관의 중요한 역할이다. 북유럽은 기본적으로 개인의 권리를 존중하고, 다양성을 존중하는 문화가 두텁다. 이민자들에게 자국의 언어와 문화만을 주입하는 것이 아니라, 모국어 자료를 접하고 모국의 소식을 접할 수 있는 서비스를 충실하게 제공하려고 노력한다.

 언어카페는 해당하는 언어를 사용하는 이민자들이나 언어를 배우고자 하는 사람들이 모여 자율적으로 운영한다. 스웨덴어 카페는 수요일 저녁 7시에서 9시 사이에 열리고, 배우려는 사람이 많은 영어 카페는 일주일에 세 번 열리는 식이다. 도서관 사서들은 언어카페 자리를 마련해주고, 그에 필요한 책이나 CD 등을 챙겨놓는다. 언어카페가 잘 운영되도록 하는 것은 참여하는 사람들의 몫이다. 이런 문화는 전통적으로 선생이 없는 자율학습에 익숙한 북유럽 문화이기도 하다. 책을 읽고, 대화를 통해 서로 배운다. 아직 낯선 외국어로는 자신을 표현하기에 어려움이 많다. 같은 모국어를 사용하는 사람들끼리 모여 마음속에 있는 이야기를 풀어내고 들어주면서 자신의 자리를 잡아가는 것이다.

이민자들이 도서관에서 스태프로 근무하는 경우도 많다. 어느 도서관을 가나 히잡을 두르고 근무하는 직원을 쉽게 볼 수 있다. 이민자들은 상대적으로 더 적극적이고 열심히 하는 경향이 있다. 도서관도 이민자들이 많이 이용한다. 북유럽 사람들은 다언어에 익숙해서 영어는 기본이고, 인접 국가 언어를 포함하여 3~4개 언어를 사용하는 사람들이 보통이기 때문에 전체 도서관 스태프들의 언어 소통 능력은 쉽게 10여 개 국가를 넘나들 수 있다. 거기에 이민자 출신 직원이 여럿 있으면 아무리 이민자의 출신 국가가 다양해도 큰 어려움 없이 소통된다.

스웨덴에는 스톡홀름시립도서관 옆에 국제도서관이 따로 있다. 국제도서관에는 100여 국가 책들이 비치되어 있어서 직접 대출도 하고, 일반 도서관의 대출 요청에 응하기도 한다.

북유럽 국가들은 이민자들이 그대로 복지 수혜자로만 남아 있는 것이 아니라, 시간이 걸려도 문해력과 기술을 갖추고, 건강한 공동체의 일원이 되어 복지사회에 기여할 수 있게 유도한다.

헬싱키시 부시장 나시마 라즈미아르Nasima Razmyar는 그렇게 핀란드 사회에 뿌리 내린 난민 출신자다. 나시마는 1993년 아프가니스탄의 정치적 혼란 속에 가족과 함께 핀란드로 건너왔다. 그녀는 영국《가디언》과의 인터뷰에서 핀란드에 처음 왔을 때 자신에게도 도서관 카드가 주어졌다는 것이 가장 인상 깊었다고 이야기하였다. 도서관 서비스를 이용하면서 그녀는 핀란드 사회에 자리 잡게 된 것이다. 그녀는 처음 받은 도서관 카드를 아직도 수첩에 넣고 다니고 있고, 도서관이 중요하다는 것을 잘 알기 때문에 도서관을 적극적으로 지지하고 있다고 했다.

4장
어린이와 청소년에게 다가가다

북유럽에서는 거리에서 유모차를 쉽게 만날 수 있다. 가까이 다가가서 보면 유모차를 밀고 가는 사람은 남자인 경우가 많다. 육아휴직을 하고 아이를 돌보는 아빠들이다. 라테 한 잔을 들고 유모차를 밀고 다니는 아빠들에게 특별히 라테파파라는 이름까지 붙여졌다. 스웨덴 남자들은 바이킹의 후손이라는 이미지가 무색하게 대부분 순하고 착해 보인다. 교민들 이야기를 들어봐도 스웨덴 남자들에 대한 평은 대부분 비슷하다. 남자들이 가사에 적극 참여한다. 집안 수리는 물론이고, 요리와 육아도 같이 한다. 도와주거나 참여하는 수준이 아니다. 같이 상의하고, 그때그때 역할을 나눈다.

라테파파를 만나다

육아휴직을 통해 부모들이 육아에 전념할 수 있는 것도 큰 특징이다. 스웨덴에서는 아이를 출산하면 부모가 합계 480일간 육아휴직을 사용할 수 있다. 이때 부모 중 어느 한쪽이 적어도 두 달 이상 사용해야 한다. 그래야 두 달간 육아휴직이 유급으로 처리된다. 예전에는 아빠의 육아 참여를 독려하기 위해 아빠가 두 달 이상 사용해야 한다는 규정을 만드는 것으로 시작했는데, 어느 순간 아빠라는 규정이 사라지고, 대신 '어느 한쪽'으로 바뀌었다. 실제로 스웨덴에서는 아빠가 육아휴직을 길게 사용하는 경우가 많다. 여성의 사회 참여가 활발해지고, 직장에도 성평등 문화가 정착되어 있기 때문이다.

스톡홀름 남쪽 후딩에콤뮨에 있는 어린이집을 방문한 적이 있다. 미리 아이들을 데리러 온 아빠들과 대화를 나누고 싶다고 부탁해 라테파파들과 대화를 나누게 됐다. 네 명의 아빠들은 모두 자신들이 육아휴직을 더 사용할 계획이라고 했는데, 이유를 들어보니 부인이 소득이 높기 때문에 소득이 낮은 아빠가 육아휴직을 내는 것이 좋다는 것이었다. 육아휴직을 할 때 월 급여에 대한 보상이 이루어지는데, 최대 보상액이 있다. 월 급여가 많으면 그만큼 차액이 커지기 때문에 월

어린이집에서 만난 스웨덴 라테파파들. 부인의 급여가 높기 때문에 자기들이 육아휴직을 더 오래 한다고.
ⓒ윤송현

급여가 낮은 사람이 육아휴직을 사용하는 것이 경제적으로 유리한 것이다.

이런 당연한 것이 자연스럽게 받아들여지기 위해서는 몇 가지 전제가 바탕이 되어야 한다. 무엇보다 아빠가 육아휴직을 해서 아이들을 돌보는 것이 가정에서나 직장에서나 전혀 이상하거나 문제가 되지 않아야 한다. 즉 남자들이 아이를 돌보는 것을 좋아하고 익숙하게 할 수 있어야 한다. 직장에서는 육아휴직으로 인해 불이익을 받지 않아야 한다.

도서관 어린이 코너에 가도 아빠들의 모습을 쉽게 볼 수 있다. 물끄러미 아기들이 노는 모습을 지켜보고 있기도 하고, 구석에서 아기들에게 책을 읽어주기도 한다. 커다란 덩치를 구부리고 앙증맞은 아기에게 눈높이를 맞춰가며 책을 읽어주는 모습이 인상적이다.

도서관에 아이들을 데리고 온 아빠들을 살펴보면 엄마와 다르지 않다는 것을 금방 알 수 있다. 아이들을 세심하게 챙기고, 아이들 눈높이에 맞춰 같이 시간을 보낸다. 육아휴직 기간에만 그런 것이 아니다. 아이가 자라서 어린이집을 가고, 학교에 갈 때까지는 언제나 아이들을 중심으로 생활한다. 저녁이면 좋아하는 책을 읽어주고, 아이가 잠이 든 다음에야 자신들의 시간을 갖는다.

그런 북유럽의 육아 이야기는 국내에서 출판된 책에서도 자세히 접할 수 있다. 스웨덴에서 스웨덴 여성을 만나 세 아이를 키운 황선준 박사는 자신의 경험, 스웨덴 부인과 함께한 육아 경험을 『스칸디 부모는 아이에게 시간을 선물한다』에 자세히 적어놓았다. 북유럽 사람들의 생활 스타일, 육아, 교육문화는 모두 비슷하다. 덴마크 코펜하겐에 살고 있는 박미라 씨는 자신의 육아, 교육 경험을 『덴마크식 행복 육아』에 생생하게 기록해두었다.

놀이터 같은 어린이 코너

북유럽 도서관에는 대부분 칸막이가 따로 없기 때문에 어린이실이라는 구분이 없다. 어린이들을 위한 자료들을 모아놓고, 어린이들이 이용하기 좋게 만들어놓은 코너가 있을 뿐이다. 도서관을 이용하다 보면 자연스럽게 어린이 코너에도 넘나들게 된다.

어린이 코너에서 우선 눈에 띄는 것은 밝은 색조의 디자인이다. 과감하게 원색을 사용하고, 다채로운 색상을 사용하여 밝은 분위기를 연출한다. 무채색 계통의 색조는 찾아볼 수 없다. 노란색, 오렌지색, 주황색, 심지어는 보라색과 빨간색도 자유롭게 사용한다. 색조만으로도 마음껏 휘젓고 다니고 싶은 느낌이 들게 한다.

거꾸로 어린이 코너에 정숙이나 엄숙을 요구하는 사인물이나 안내문은 어디에도 없다. 어린이 코너를 담당하는 사서들에게 물어보면

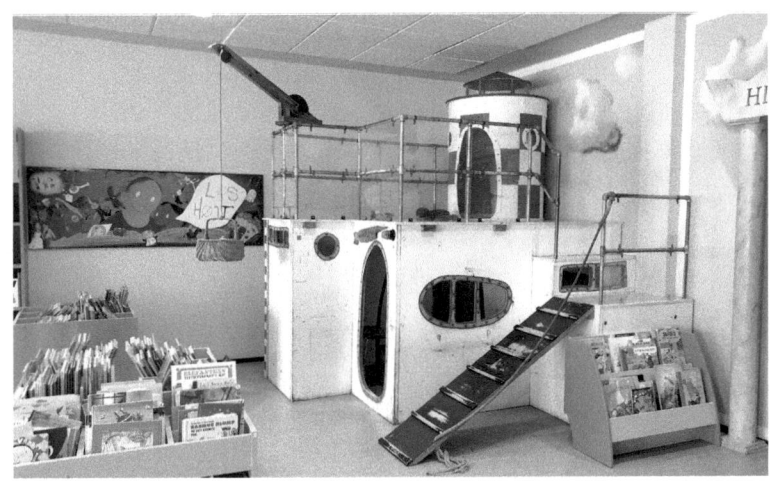
바일레도서관 어린이 코너, 어린이들의 동화적 상상을 자극하는 다양한 설치물이 있다. ⓒ윤송현

어린이들이 좀 큰 소리를 낼 때가 있기도 하지만, 그리 문제가 될 정도는 아니라고 말한다. 아기 때부터 부모와 함께 도서관을 이용하는 습관이 몸에 배어 있는 경우가 많다.

도서관 공간에 조금이라도 여유가 있으면 어린이 코너를 놀이 공간으로 꾸미기를 마다하지 않는다. 덴마크 바일레도서관Vejle 에서도 그런 모습을 보았다. 어린이 코너는 동화 속의 무대를 옮겨놓은 듯했다. 『종이봉지 공주』에 나오는 괴물의 성이 있는가 하면, 직접 타볼 수 있는 모형 자동차도 있고, 책으로 이글루도 만들어놓았다. 구석에는 아이들이 오르내리며 놀 수 있도록 성채를 만들어놓았다. 아이들을 신나게 하고 맘껏 놀게 하려는 마음이 진하게 느껴졌다.

어린이 코너는 책으로 만들어진 놀이 공간이다. 책은 있지만 서가들은 모두 어린이들 눈높이에 맞춰져 있고, 어린이들에게 눈을 맞추듯이 표지들을 내밀고 있다. 서가 사이로는 그림책이나 동화책 속의 주인공들이 다양한 모습으로 튀어나와 어린이들에게 손을 내밀고 있고, 바닥에는 기대고 치댈 수 있는 쿠션이나 소파가 있다.

도서관 곳곳에 작은 공간들을 만들어놓은 것도 어딜 가나 눈에 띄는 것이다. 어린이들은 자신만의 작은 공간을 좋아한다. 작은 공간에 들어가 자신만의 세계 속에 있기를 좋아하는 것이다. 부모나 또래 아이들이 함께할 수 있는 공간이어도 좋다. 온몸이 푹 잠기는 소파가 있는 곳도 많다. 아이들을 꼭 품에 안고 그림책을 읽어주고 있는 모습은 보는 사람마저 이야기 속으로 끌어들이는 듯하다.

도서관이 웬만한 규모만 되면 그룹으로 책을 읽어주거나 이야기를 들려주는 공간도 꼭 갖추고 있다. 육아 중인 부모들이 아기들을 데리고 오면 도서관 사서가 그림책을 가져와 읽어주기도 하고, 손 인형을 끼고 재미있는 이야기를 들려주기도 한다. 부모들은 둘러앉아 아이를 키우며 겪는 일들을 이야기하기도 하고, 필요한 육아 정보를 나누기도 한다. 도서관 어린이 코너는 그렇게 맘카페와 같은 역할을 한다.

어린이문학의 판타지 공간, 유니바켄

어린이들을 책 속으로 안내하려는 특별한 애정으로 만들어진 시설이 스톡홀름 외곽 유르고덴섬에 있는 유니바켄Junibacken이다. 유니바켄은 아스트리드 린드그렌을 비롯하여 스웨덴 아동문학 작가들의 작품을 구현해놓은 판타지 공간으로, 어린이뿐만 아니라 동화를 아는 어른도 누구나 환호하며 좋아할 공간이다.

첫 번째 공간인 '이야기책' 공간에는 린드그렌 외에 널리 읽히는 스웨덴 아동문학 작가들의 작품 속 무대가 실감 나게 설치되어 있다. 토마스 비스란데르의 '암소 무 시리즈'에 등장하는 암소 무가 앉아 있고, 뱃가죽이 등에 붙을 듯이 굶주린 늑대가 불쌍하게 앉아서 어린이들을 혼란스럽게 만들기도 한다. 스웨덴의 초기 그림책 작가인 엘사 베스코브부터 스벤 노르드비스크까지 각 작가의 대표작의 무대와 소품, 주인공이 그대로 재현되어 있어 동화 속에 들어와 있는 느낌을 준다. 이곳에서는 아기들이 참여하는 다양한 행사가 열린다. 동화 속 이야기를 같이 즐기기도 하고, 그림책 관계자들과 함께 즐거운 이벤트를 갖는 것이다. 그렇게 시간을 보낸 아이들이 집에 돌아가서 어찌 그 동화책을 다시 꺼내보지 않을 수가 있겠는가.

두 번째 공간인 이야기 열차는 기차를 타고 린드그렌의 작품 속을

유니바켄의 이야기책 공간. 스웨덴 그림책 작가들의 작품을 실물로 만들어놓았다. ⓒ윤송현

여행하는 판타지 세상이다. 정원이 세 명인 기차는 허공을 날아 곧바로 동화 속으로 들어간다. 『마디타』, 『지붕 위의 칼손』, 『산적의 딸 로냐』, 『사자왕 형제의 모험』, 『에밀은 사고뭉치』의 주요 장면들이 입이 딱 벌어질 만큼 신비롭게 펼쳐지고 그 위를 기차를 타고 날아가는 것이다. 기차에서는 이야기 장면을 안내하는 방송이 나오는데, 이야기는 린드그렌이 직접 쓴 것이고 스웨덴어 방송은 린드그렌이 직접 녹음한 것이라고 한다.

기차에서 내리면 나타나는 세 번째 공간은 삐삐의 '뒤죽박죽별장'이다. 어린이 키에 맞춰 지은 뒤죽박죽별장은 어린이들이 삐삐가 되고 토미와 애니카가 되어 신나게 놀 수 있는 놀이터다.

환상적인 공간 여행을 하고 나면 동화에 관심이 없던 아이들이라도 책을 찾아 읽어보고 싶은 마음이 생길 만큼 잘 만들어진 판타지 공간이다. 동화에 대한 관심을 자극하면서 즐거움을 주고 새로운 상상을 하게 만드는 공간을 만들어내는 지혜와 창의력에 감탄하지 않을 수 없었다.

이야기 놀이공원, 아스트리드린드그렌월드

삐삐를 만들어낸 아스트리드 린드그렌은 평생 34권의 책과 41권의 그림책을 썼는데, 그 작품들은 세계 각지에서 100개 이상의 언어로 출판되어 1억 6000만 권 이상이 팔렸다. 그녀의 작품들은 삐삐처럼 대부분 기존 사회질서나 규범에 얽매이지 않고 자신의 호기심을 좇는 어린이의 세계를 그리고 있다. 그런 린드그렌의 작품들이 처음부터 스웨덴 사회에서 환영을 받은 것은 아니었다. 처음 『삐삐 롱스타킹』의 원고를 마무리하였을 때, 출판사들은 '버릇없는' 삐삐의 모습을 받아들이지 못했다. 많은 우여곡절 끝에야 출판할 수 있었지만, 출판 후에도 성인들에게는 그리 좋은 평을 받지 못했다. 그렇지만 '삐삐'는 어린이들에게 열렬한 지지를 받았고, 그 지지에 밀려 결국 어른들이 생각을 바꾸지 않을 수 없었다. 어린이는 어른들의 규범에 얽매

린드그렌월드 중 『산적의 딸 로냐』 야외 공연장. 다른 많은 야외 공연장이 있다. ⓒ윤송현

이지 않고 자연 속에서 마음껏 놀아야 하며 더 자유롭고 자주적으로 자라야 한다는 린드그렌의 철학이 그의 작품들을 통해 스웨덴 사회에 자리 잡은 것이다.

린드그렌이 마디타처럼 헛간 지붕에서 우산을 펴고 뛰어내리거나 들로 산으로 뛰놀며 자란 고향은 스웨덴 남부의 빔메르비Vimmerby 외곽에 있는 네스다. 그녀는 자신의 어린 시절 모습을 『사라진 나라』에 자세히 남겼다. 『마디타와 리사벳』 후기에는 그곳에서 보낸 어린 시절에 대해 "놀고 놀고 또 놀았습니다. 놀다 지쳐서 죽지 않은 게 신기

할 정도"라고 적었다.

네스에는 린드그렌의 이야기를 그대로 재현해놓은 아스트리드린드그렌월드가 있다. 유니바켄은 실내에 있는 작은 공간이지만, 린드그렌월드는 드넓은 자연 속에 있는 이야기 놀이공원이다.

혼자 북유럽을 돌아다닐 때 린드그렌월드에 가보았다. 많은 시간을 내야 했지만, 린드그렌을 좋아하는 아내에게 사진이라도 찍어서 보여주고 싶었다. 린쇠핑Linköping에서 내려 칼마르행 기차로 갈아타니 여름철에만 문을 여는 린드그렌월드역에서 기차가 정차했다.

린드그렌월드는 주민들이 린드그렌의 이야기에 등장하는 무대들을 어린이 눈높이에 맞게 만들어놓으면서 시작됐다고 한다. 조금 규모가 커지고 사람들에게 알려지면서 기업체에서 뛰어들어 대규모 자연 놀이공원으로 만들었다.

린드그렌월드는 넓은 자연 속에 삐삐의 뒤죽박죽별장을 비롯하여 린드그렌의 작품에 등장하는 장면들, 예전의 주택, 전원 풍경, 농가의 목장, 자연 놀이시설을 그대로 재현해놓고 있다. 곳곳에 『산적의 딸 로냐』, 『라스무스와 방랑자』, 『사자왕 형제의 모험』, 『에밀은 사고뭉치』, 『마디타』의 배경을 무대로 만들어놓았다. '산적의 딸 로냐' 공간에는 산적의 산채를 만들어 놓았고, 산채를 배경으로 배우들이 연기를 펼친다. '에밀은 사고뭉치' 공간은 옛날 스웨덴 시골 농장처럼 만들어놓아 목초지와 농장 동물들을 둘러보며 놀 수 있다.

린드그렌월드에서 어린이들은 이야기 속에 풍덩 뛰어들어 삐삐가 되어 놀아보기도 하고, 산적의 딸이 되어보기도 하고, 마디타가 되어보기도 한다. 공연을 보며 주인공들과 이야기를 나눠보기도 한다. 그렇게 하루를 보낸 어린이들이라면 린드그렌의 작품 중 하나쯤은 평생 가슴에 간직하고 살게 될 것이다.

사춘기 어린이들을 위한 티오트레톤

초등학교 고학년쯤 되면 책에 재미를 붙이고 '책벌레'가 되는 어린이가 꽤 있다. 책에 재미를 붙여서 '걸어 먹듯이' 책을 보는 아이들이 있는데, 이런 아이들에게는 이때의 경험이 평생 살아가는 힘이 되기도 한다. 린드그렌도 『그것은 크리스틴의 부엌에서 시작되었다』에서 자신의 경험을 이렇게 적어놓았다.

"그러다 문득 열 살이 되었고, 상급학교에 진학했습니다. 교무실에는 학교 도서관이 있었습니다. 나는 마치 사로잡힌 듯이 그곳으로 달려가 거기 있는 모든 것을 삼켰습니다. 열 살에서 열세 살의 아이들은 책을 읽는 것이 아니라 삼킨답니다. 나 역시 손에 닿는 모든 것을 먹었습니다."

티오트레톤 내의 부엌도서관. ⓒ윤송현

그렇게 어릴 때는 책을 많이 읽었지만, 고학년이 되면서 세상에 대한 관심도 많아지고 유혹도 많아지니 책으로부터 멀어지는 어린이들이 많아지는 것도 세상 흔한 이야기다. 그런데 북유럽에서는 그런 아이들을 바라보고만 있지는 않는다. 도서관 사람들은 손을 내밀어 사춘기에 접어든 아이들이 책에서 멀어지지 않게 하려고 머리를 짜낸다.

스톡홀름 쿨투어후셋에 있는 티오트레톤tiotreton은 10~13세에 해당하는 청소년만을 위한 특별한 도서관이다. 입구에는 레드라인이 그려져 있어 다른 연령층이 입장할 수 없음을 알려준다. 처음에 티오트레톤에 갔을 때는 그 선에서 돌아설 수밖에 없었는데, 다시 갈 때는 미리 방문 약속을 하고, 도서관이 문을 열지 않는 오전에 들어가 보았다. 선을 넘을 때는 신발을 벗어야 한다. 이 공간에서 지켜야 하는 딱한 가지 규칙이다. 안에서는 신발을 벗어야 마음껏 공간을 즐길 수 있기 때문이다.

내부는 빨간색 색조가 강렬하다. 도서관 바닥에는 몸이 푹 잠길 듯이 커다란 올록볼록 쿠션이 여러 방향으로 놓여 있고, 벽 쪽은 물결치듯 계단이 둘러싸고 있다. 세르겔광장이 훤히 내려다보이는 커다란 유리창에는 새집처럼 둘이 짝을 지어 앉아 있기 좋은 공간들을 만들어놓았다. 그리고 중간에 서가가 있고 쿠션 위에는 공중에 책을 매달아 놓기도 하였다. 다른 쪽에는 컴퓨터도 있고 보드게임도 있고 재봉틀도 보인다. 그저 둘러만 보아도 청소년들이라면 무척 좋아할 만한 공간이다.

이곳에서 청소년들은 그림을 그리기도 하고 학교 과제를 하기도 한다. 컴퓨터게임도 한다. 청소년들이 직접 이야기를 가꾸고 만들 수도 있다. 뮤직비디오를 만들기도 하고, 나노테크놀로지에 관심을 기울이기도 한다. 먹을거리를 가져와서 먹어도 되는데, 도서관에 아예 공용 주방이 있다. 조리 시설을 갖춘 테이블이 있어 좋아하는 요리를 할 수 있다. 제대로 된 요리를 해보려면 여기저기 꽂힌 책들을 꺼내 참고할 수도 있다. 특별히 키친라이브러리라고 이름을 붙여두었다.

티오트레톤은 사춘기에 접어든 청소년들이 도서관에 계속 관심을 갖게 하려고 만든 공간이다. 도서관으로 분류는 하지만 도서관이라는 이름도 붙이지 않았고, 도서 중심으로 내부를 꾸미지도 않았다. 내부 활동도 독서 활동이 중심이 되지 않는다. 사춘기 아이들의 클럽 같은 느낌이다. 곳곳에 둘만이 앉아 이야기를 나눌 수 있는 공간이 만들어져 있다. 외부의 간섭을 받지 않는 아늑한 분위기를 조성하려는 의도가 분명해 보였다. 책은 그저 배경이고, 사이 사이에 있는 소품과 같았다.

도서관 서비스는 스톡홀름의 다른 시립도서관들과 똑같이 이용할 수 있다. 진열된 책은 물론 검색을 통해 다른 도서관에 있는 책들도 대출 신청을 하면 티오트레톤에서 받아볼 수 있다. 빌린 책을 다른 도서관에서 반납해도 된다.

처음 프로젝트를 주도한 사람은 스톡홀름시립도서관 디렉터였던 카티 호플린이었다. 그는 10~13세 연령대의 아이들이 도서관에 흥미를 갖지 못하는 것을 보고, 어떻게 하면 이들을 변화시킬 것인가 고민하였다. 그 연령대 아이들을 어린 청소년이라고 구분하고, 그들의 욕구를 구체적으로 알아보기 위해 스톡홀름대학교 어린이문화센터 연구진들과 함께 조사를 실시하였다.

125명의 어린 청소년들을 상대로 독서에 대한 생각과 그들이 자유시간에 하고 싶은 것들, 그리고 그들이 좋아하는 공간에 대해 알아보았다. 조사를 통해 흥미로운 점들이 도출되었다. 어린 청소년들은 그들만의 공간을 원했다. 그들은 지시하거나 가르치는 사람이 아니라, 그들의 이야기를 들어주는 사람을 원했다.

호플린은 조사 결과를 토대로 스톡홀름시립도서관의 지원을 받아 쿨투어후셋에 새로운 공간을 만드는 작업에 착수하였다. 호플린이 고집한 것은 어린 청소년들이 들어가서 자기들만 머물 수 있는 공간을 만드는 것이었다. 어린 청소년들이 다른 사람들로부터 간섭받지 않는 자기들만의 공간에 머무르는 것, 그리고 바깥세상을 관찰하며 안전함을 느끼고, 또 호기심을 유지할 수 있는 곳. 그렇게 만들어진 것이 티오트레톤 창가에 설치된 둘만의 공간이다. 실내에 만들어진 커다란 쿠션이나 계단도 올록볼록하게 만들어 그 사이에 몸을 묻을 수 있게 하였다. 그렇게 안전감, 아늑함을 유지한 상태에서 손에 닿는 곳에 책을 두었다.

주방을 만든 것도 호플린의 주장이었다. 주방은 무엇인가를 섞어서 만드는 곳이다. 그리고 무엇이 만들어지는지 보는 곳이다. 주방 테이블에 둘러앉아 그들은 자신들의 독특한 요리를 만들고, 이야기를 나눌 것이다. 필요하면 레시피를 찾고, 꽂혀 있는 요리책도 살펴보겠지. 억지로 강요해서는 나중에도 독서에 대한 거부감을 갖게 할 뿐이다. 자연스럽고 편안하게 자기 선택으로 자리를 잡게 하면, 그곳에서는 무엇인가를 하게 된다. 물론 그것이 책이 아니어도 된다.

도서관에 어린 청소년들만 있게 하는 것은 아니다. 가르치려 하는 어른, 지시하는 어른이 아니라, 어린 청소년들의 마음을 이해하고 이야기를 들어주는 어른이 있어야 한다. 그것도 여러 명이 있어야 한다.

그들은 선생도 부모도 아닌 '제3의 어른'이 되어야 한다. 그들은 항상 어린 청소년들에게 주도권을 주고, 그들에게 관심을 보이고 이야기를 들어주고 요청에 따라 도움을 준다. 티오트레톤에서 그들은 무심하게 자신들의 일을 하기도 한다. 책을 보거나 컴퓨터를 만지거나 아이들이 흥미를 가질 만한 일을 만들거나.

2019년 여름 스톡홀름을 방문했을 때 티오트레톤은 리모델링 중이었다. 큰 틀의 변화는 없고 낡은 것을 바꾸는 정도라고 했는데, 리모델링을 하는 기간에도 건물 앞 상가에 따로 비슷한 공간을 조성하여 티오트레톤을 찾는 아이들을 맞이하고 있었다.

노르웨이 오슬로의 비블리오퇴인

티오트레톤의 시도를 더욱 발전시킨 곳이 노르웨이 오슬로에 있는 비블리오퇴인Biblo Tøyen이다.

덴마크 예링도서관을 둘러보고, 프레드릭하운에서 오슬로로 가는 페리를 탔다. 유명 관광지를 연결하거나 대도시를 오가는 코스가 아니어서 트렁크를 끌고 타는 여행객은 많지 않았지만, 하루 한 편 운항하는 페리는 제법 규모가 있었다. 오후 6시에 항구를 출발한 페리는 새벽녘에 오슬로만에 접어들었다. 오슬로만은 그 자체가 거대한 피

오슬로항 모습. 오른편 높은 빌딩이 새로 지은 오슬로중앙도서관이다. ⓒ윤송현

오르 지형으로, 만에 접어들어서도 두 시간을 더 가야 오슬로항에 도착한다. 덴마크 코펜하겐에서 오슬로로 운항하는 DFDS 크루즈도 이 오슬로만을 거슬러 올라간다.

동이 틀 무렵 배 위에 올라가 보면 크루즈선 양옆으로 오슬로 피오르를 살펴볼 수 있는데, 중간쯤에 오스카로브 요새가 있다. 1940년 4월 9일 이른 아침에 일단의 독일 함대가 오슬로만으로 진입하였다. 독일군 공격을 사전에 파악하지 못해 잠시 혼란이 있었지만, 요새를 지키던 병사들은 함대가 방어선을 넘어서자 주저 없이 어뢰와 대포를 쏘아 길이 200미터에 이르는 순양함 블뤼허호를 격침했다. 승리는 거기까지였지만, 이 요새의 영웅담은 끝까지 독일군에 항복하지 않은 노르웨이의 자부심이 되었고, 지금은 그때의 대포들이 그대로 포진된 채 관광객을 맞고 있다.

  배가 오슬로 항구에 접어들면서 오페라하우스 옆으로 개관 준비가 한창인 오슬로중앙도서관bibliotek Bjørvika의 모습이 또렷하게 보였다. 오슬로중앙도서관은 코로나19 팬데믹 와중인 2020년 6월 개관과 동시에 세계 도서관계의 이목을 끌었고, 국제도서관협회에서 2020년 올해의 도서관으로 선정되었다. 오슬로중앙도서관은 덴마크 오르후스에 있는 Dokk1, 핀란드 헬싱키에 있는 오디를 잇는 북유럽의 대표적인 도서관이 될 것이다.

  오슬로 시내 동쪽에 있는 퇴인은 주거 지역으로 특히 이민자들이 많이 사는 곳이다. 지역 중심에 있는 공공도서관인 퇴인도서관은 일찍부터 청소년 이용자들을 위해 많은 프로그램을 해오던 곳이다. 도서관 관계자들은 어린 청소년들과 함께 직접 스톡홀름 티오트레톤을 방문하였다. 그리고 티오트레톤의 자문을 받아 퇴인도서관 옆에 어린 청소년들을 위한 전용 공간인 비블리오퇴인을 만들기로 하였다.

  그렇게 시작된 비블리오퇴인은 대상을 10세~15세로 제한하여 이 연령층과 소통할 수 있는 특별한 문화공간을 만드는 것을 목표로 하였고, 그런 목표는 공간 설계를 위한 진행이나 모양, 색상, 인테리어 디자인 등 모든 면에서 구체적으로 구현되었다.

  공간을 운영할 스태프들은 사서가 아니라 어린 청소년과 소통할 수 있는 다양한 문화 활동 경력자로 선발하였다. 책은 중요한 요소이지만, 새로운 공간에서는 일부였다. 목표 장서도 3000권 정도였기 때문에 도서 관리는 비중 있는 업무가 아니었다. 공간을 이용할 어린 청소년들과 공간을 운영할 스태프, 그리고 도서관 관계자들이 스톡홀름 티오트레톤을 방문하기도 하고, 티오트레톤 관계자를 초청하여 이야기를 들으며 공간 밑그림을 그렸다.

내부 인테리어와 디자인의 콘셉트는 '깨어 있으라Keep yourself awake' 라는 노르웨이 공공도서관의 모토를 기반으로 했다. 쉽게 표현할 수 있는 것이 아니었지만, 독특하고 특별한 공간을 만들어야 했다.

전문가들은 어린 청소년들의 의견과 아이디어를 폭넓게 수렴하면서 그들의 생각과 현실의 간극을 메우기 위해 노력하였다. 어린 청소년들의 미래 지향적인 의견에 맞춰 용도 폐기된 것들을 되살려서 소재로 삼으려고 노력했고, 친구끼리의 관계를 중시하는 욕구를 반영하여 작은 공간을 많이 만들려고 노력했다. 소품이나 제재도 세계 곳곳에서 가져왔다. 옛날 산간에서 목재를 날랐을 듯한 오래된 트럭을 가져다 차량 엔진실에 친구와 끼어 앉을 수 있는 공간을 만들고, 운전석에도 친구끼리 들어가 앉을 수 있는 공간을 만들었다. 트럭 화물칸은 이동식 포장마차로 만들고, 둘러앉아 즉석 요리를 해 먹으며 이야기를 나눌 수 있는 설비를 갖추었다. 스키장에서 사용하지 않는 곤돌라를 가져다 설치해놓기도 했다. 곤돌라는 친구끼리 어디론가 여행을 떠나는 기분으로 자기들만의 이야기를 나눌 수 있는 공간이 된다.

또래들만의 작은 공간들을 많이 만들어놓은 비블리오퇴인. ⓒ윤송현

사용하지 않아 폐기된 빨간 공중전화 부스를 가져다 다른 세계로 가는 출입문으로 만들었다. 목재들은 모두 어디에선가 사용했다가 뜯어낸 것들을 가져다 되살려 쓴 느낌이 그대로 드러나도록 마감했다.

공간에서는 다양한 프로그램들이 계속 이어지는데, 대부분 무엇인가를 만들거나 공연을 하는 등 몸을 움직이는 것들이다. 물론 모든 활동의 배경에는 책이 있다. 서가는 천정에 설치한 레일에 매달려 있어서 필요에 따라 서가를 이동시키며 공간에 변화를 줄 수 있도록 하였다. 스태프들이 나서서 독서를 권하지는 않는다. 어린 청소년들의 자발성과 자주성을 유도하고, 그들의 의지를 모아 매년 전국적으로 실시되는 독서 프로그램에 참여하고 있다.

말뫼도서관의 발라간

　스웨덴 남쪽 끝에 있는 말뫼는 인구 30만 명이 조금 넘는 규모로 스웨덴에서는 세 번째로 큰 도시이다. 유럽 대륙을 연결하는 관문으로 19세기에 대륙의 계몽사상이 스웨덴에 전해진 통로였다. 제2차 세계대전 때는 히틀러의 광기를 피해 독일을 탈출한 유대인들에게 제일 먼저 피난처를 제공하기도 했다. 2000년대에 들어선 아프리카와 서남아시아를 떠난 난민들이 마지막 목적지로 스웨덴에 발을 디딘 통로가 되었다. 지금은 올레순대교로 코펜하겐과 연결되어 있는 국제적인 교역의 도시다.

　말뫼에는 코쿤이라는 세계적인 조선소가 있었는데, 1970년대 오일쇼크로 큰 타격을 받고 무너졌다. 말뫼 조선소에 있던 골리앗 크레인이 지금은 울산 현대중공업에 있다는 것은 많이 알려졌다. 조선업이 붕괴되면서 말뫼 경제가 큰 타격을 받았으나, 오래지 않아 말뫼는 대대적인 구조 조정을 거쳐 바이오와 IT 산업기지로 다시 태어났다. 골리앗 크레인이 있던 자리에는 말뫼의 부활을 상징하듯 독특한 모양의 건축물 터닝토로스가 우뚝 서 있다.

　말뫼대학교 등의 우수한 인재풀과 시대 변화를 능동적으로 받아들인 말뫼 시민이 변화의 주역이었다. 산업구조 조정 과정에서 복지정책이 사회적 안전망으로 작동했고, 기술 교육을 통한 일자리 전환이라는 적극적인 노동시장 정책이 큰 동력이 되었다. 시민들은 해체되는 골리앗 크레인을 보며 눈물을 흘렸지만, 커다란 동요나 갈등 없이 새로운 디지털 시대에 맞춰 기술을 익히고 경쟁력을 키웠다. 그 중심에 말뫼중앙도서관이 있었다.

말뫼중앙도서관은 세 개의 건물이 연결되어 있다. 오래된 성을 닮은 건물은 처음에는 박물관이었는데, 1946년에 도서관이 되었다. 1997년에 도서관을 확장하면서 이전 건물은 그대로 유지하고, 현대적인 건물을 더 지어 연면적 1만 5000제곱미터에 달하는 대형 도서관이 되었다.

이 도서관에서 소개하려는 포인트는 2층에 있는 9~13세 어린이들을 위한 특별한 공간 발라간Balagan이다. 이곳도 다른 연령대 사람들은 들어올 수 없다. 어린이들이 이곳에서 지켜야 할 규칙은 티오트레톤처럼 입구에서 신발을 벗어야 한다는 것뿐이다.

이곳에서는 오두막 안에서 낮잠을 잘 수도 있고, 서가에 올라가서 책을 읽을 수도 있다. 구석에서 학교 과제를 할 수도 있고, 유튜브를 볼 수도 있다. 일렉트릭기타를 칠 수도 있고, 다양한 게임을 할 수도 있다. 레고 게임은 물론이고, 비디오 게임, 인터넷 게임도 할 수 있다. 무엇인가를 하지 말라는 사인은 어디에도 없다.

이곳의 프로젝트 매니저 안드레아스는 지역 잡지와의 인터뷰에

말뫼도서관의 어린이·청소년 전용 공간 발라간. ⓒ윤송현

서 이렇게 이야기했다. "발라간의 목적은 도서관에 오지 않을 아이들을 도서관으로 끌어들이기 위한 공간을 만드는 것이다. 발라간에서 9~13세 어린이들이 스트레스나 부담 없이 언제나 환영받을 수 있는 공간으로 느끼고, 그들의 관심과 재능을 키워나갈 수 있기를 기대한다."

말뫼도서관은 방문자는 늘어나지만 도서 대출은 줄어들고 있다는데 문제의식을 가졌다. 사람들은 도서관을 만남의 공간으로 이용하고 있었다. 이제 독자들에게 다가가는 새로운 접근 방법이 필요했다. 이런 생각으로 9~13세의 어린이들을 위한 특별한 공간을 만들기로 하였다. 이 작업은 예테보리대학에서 어린이 문화디자인에 관한 학위 논문을 쓰고 있던 에바 요한나 샌드베리와 사라 스티버를 만나면서 구체화되었다. 초등학교 3학년~6학년에 해당하는 어린이 100여 명과 함께 다양한 실험과 조사가 진행되었다. 어린이들의 부모들도 작업에 참여하였다. 어린이들의 욕구와 바람, 그들의 움직임과 평소 습관, 특히 그들이 말뫼의 문화 행사에 어떻게 참여하고 있었는가를 면밀히 파악하였다. 그리고 만들어낸 것이 '스토리텔링 실험 공간'인 발라간이다.

어른들은 어린이들에게 완결된 이야기를 들려주려고 하지만, 어린이들이 완성된 형태로만 현실과 상상의 세계를 연결하지는 않는다. 어린이들은 늘 만들어진 것보다는 새롭게 자신의 상상에 따라 이야기를 만들어가는 것을 좋아하고, 그렇게 하면서 생각과 언어 감각을 발달시켜나간다. 어린이에게는 정해진 책을 읽게 하는 공간이 아니라, 다양한 모티브를 자유롭게 연결하면서 생각하고 모험하고 즐길 수 있게 하는 공간이 필요한 것이다.

완성되지 않은 공간, 발라간에는 어린이들이 자신의 생각을 표현하여 채워나갈 수 있게 하는 공간들이 많이 있다. 발라간은 히브리어로 '혼돈', '뒤죽박죽'이라는 의미를 갖고 있지만, 그것은 그저 무질서만을 말하는 것이 아니라, 질서나 규칙을 요구하지 않음, 자유로운 상상력의 추구를 말하는 것이다.

에너지가 넘치는 세대를 위한 공간, 포인터

셀로도서관은 핀란드 에스보시립도서관 분관이다. 2003년 셀로에 대규모 쇼핑타운이 개발될 때 그 중심인 기차역 앞에 부지를 잡아 개관하였다. 헬싱키 중앙역에서 기차를 타고 15분 만에 셀로 쇼핑타운에 도착하였다. 기차역에서 나와 대형 상가 하나를 돌면 바로 도서관이 나온다. 건물 전면에 도서관을 뜻하는 네 가지 언어의 단어가 대형 현수막에 적혀 걸려 있다. KIRJASTO(핀란드어), BIBLIOTEK(스웨덴어), LIBRARY(영어), БИБЛИОТЕКА(러시아어) 순이다. 네 가지 언어를 이 지역에서 많이 사용하고 있고, 해당 언어의 자료를 많이 소장하고 있다는 것을 말해주고 있다.

처음 이 도서관에 들어섰을 때 본 모습이 아직도 생생하다. 입구 홀에서는 강연회가 열리고 있었다. 40~50여 명의 중년이 모여 앉아 강연을 듣고 있었는데, 분위기가 전혀 소란스럽지 않았다. 칸막이도 없이 툭 터진 도서관 한가운데서 강연회를 하고 있는 것이다. 주위를 오가는 사람들 누구 하나 찡그린 표정을 짓지 않았다. 그런 모습이 자연스러운 것이 북유럽의 도서관이다.

우리를 맞이해준 사서는 한쪽에 앉을 수 있는 곳으로 안내하였다. 그곳에 있는 소파에서 청년이 조용히 기타를 뜯고 있었는데, 단체로 몰려와 이야기를 하는 우리를 전혀 아랑곳하지 않았다. 오히려 지키고 앉아 우리들의 이야기를 듣고 있었다.

주변을 둘러보니 책보다 게임 도구가 먼저 눈에 들어왔다. 테이블에는 체스판이 있고, 축구 게임대도 있다. 뚜껑을 달아놓은 것은 당구대였다. 신청하면 당구대를 열어준다고 한다. 기타를 비롯한 악기들도 보인다. 소파에 앉아 있는 청년이 들고 있는 기타도 도서관에 비치된 기타라고 했다. 서가에 DVD, LP뿐 아니라 음악 관련 잡지들도 꽂혀 있었다. 다양한 보드게임도 보였다.

청소년을 위한 그 공간에는 포인티Pointti라는 이름이 붙어 있었다. 영어로 포인트Point라는 뜻이다. 포인티는 청소년들이 자유롭게 시간을 보낼 수 있는 공간이다. 무엇을 해야 한다는 부담은 없다. 책을 빌릴 필요도 없다. 그냥 놀고 있어도 된다. 무엇인가 하고 싶다면 그것을 도와주는 스태프가 있다. 스태프는 청소년 문화를 잘 이해하고 청소년의 일상을 이해하는 사람들로 구성되어 있다.

제일 놀랐던 것은 자살을 생각해보는 코너였다. 청소년기에 한 번쯤 겪게 되는 정체성 혼란, 자존감 상실의 위기를 드러내놓고 생각해보게 하는 의도였다. 포인티의 목표는 청소년들의 성장을 지원하고, 그들의 사회 활동을 위한 준비를 도와주는 것이다.

포인티와 같은 코너는 핀란드 도서관에서는 특별한 곳이 아니다. 갖추고 있는 시설과 장비가 조금 다를 뿐, 대부분 공공도서관이 청소

셀로도서관 내 청소년을 위한 공간 포인티. ⓒ윤송현

년들을 위한 코너를 운영하고 있다.

 북유럽에서는 어느 나라를 가나 어린이들을 가르쳐야 할 대상으로 보지 않는다. 자주성을 가진 인격체로 존중하며, 다만 그들에게 많은 기회를 만들어주기 위해 노력한다. 위험으로부터 보호하기 위해 노력하지만, 위험하다는 것을 알려주고, 위험을 피하는 방법을 알려주기 위해 노력한다. 위험하다고 나무에 오르지 못하게 하거나, 위험하다고 물에 들어가지 못하게 하지는 않는다. 그리고 많은 가정에서 갓난아기부터 이야기를 들려주고, 그림책을 읽어준다. 그러기 위해 결혼을 하고 아기를 가지면서부터는 아이들을 중심으로 일상을 계획한다. 이야기를 들려주고, 책을 읽어주고, 같이 놀아주고, 뛰어놀게 한다. 일상에서 아이들의 이야기를 들어주고, 같이 대화를 나눈다. 책을 읽으라고 요구하거나 지시하는 것이 아니라, 책을 읽어주고 먼저 책을 읽는다.

책에 흥미를 붙이지 못한 어린이들, 책에서 점점 멀어지는 청소년들에게 다가가 말을 걸고 손을 내밀어 독서의 세계로 안내하려는 북유럽 도서관의 노력은 그런 문화 속에서 빚어진 자연스러운 시도일 것이다.

<2부> 도서관·리터러시·복지국가

5장
북유럽의 책 읽는 문화

책을 가장 많이 읽는 나라, 북유럽

유럽연합EU은 1973년부터 회원국을 대상으로 정기적으로 여론조사를 실시하고 있다. 특히 2007년부터 EU는 유로바로미터 시리즈를 진행하고 있는데, 이 조사는 EU가 직면한 문제나 EU의 결정에 대한 시민들의 인지나 기대에 초점을 맞추어 진행된다.

2013년에 유로바로미터는 문화 접근과 참여에 관한 조사를 실시하였는데, 조사 내용에 도서관 이용과 독서 실태에 관한 항목이 있다. 첫 번째 질문은 "지난 12개월 동안 당신은 도서관을 몇 번이나 방문했나요?"이고, 두 번째 질문은 "지난 12개월 동안 당신은 몇 권의 책을 읽었나요?"였다.

첫 번째 질문에 대한 답변을 분석한 결과, 1회 이상 도서관을 방문했다고 응답한 사람이 북유럽에서는 60퍼센트 이상이었는데(스웨덴 74퍼센트, 덴마크 64퍼센트, 핀란드 63퍼센트), 대륙 국가들에서는 50퍼센트 이하에 머물렀다(영국 47퍼센트, 프랑스 33퍼센트, 이탈리아 24퍼센트, 독일 23퍼센트).

독서 습관을 묻는 질문에 대해, 스웨덴에서는 100명 중 90명, 덴마크에서는 100명 중 82명, 핀란드에서는 100명 중 75명이 1년 중 1권 이상의 책을 읽었다고 답하였다. 북유럽 사람들은 다른 국가 사람들

〈지난 12개월 동안 당신은 도서관을 몇 번이나 방문했나요?〉

	영국	프랑스	이탈리아	독일	폴란드	덴마크	핀란드	스웨덴
합계	1306	1027	1016	1499	1000	1004	1003	1006
없음	689	684	775	1136	737	368	341	255
	53%	67%	76%	76%	74%	37%	34%	25%
1-2회	214	93	140	144	74	191	126	221
	16%	9%	14%	10%	8%	19%	13%	22%
3-5회	126	63	47	69	54	133	133	128
	10%	6%	5%	4%	5%	13%	13%	13%
5회 이상	277	181	49	140	134	311	400	396
	21%	18%	5%	9%	13%	31%	40%	39%
1회이상 전체	617	338	236	353	262	636	659	746
	47%	33%	24%	23%	26%	63%	66%	74%

출처: Eurobarometer 79.2 (2013) QB 1.5

〈지난 12개월 동안 당신은 책을 몇 권 읽었나요?〉

	영국	프랑스	이탈리아	독일	폴란드	덴마크	핀란드	스웨덴
합계	1306	1027	1016	1499	1000	1004	1003	1006
없음	263	283	448	310	438	184	249	93
	20%	27%	44%	21%	44%	18%	25%	9%
1-2권	216	164	243	272	185	158	146	115
	16%	16%	24%	18%	19%	16%	15%	11%
3-5권	150	109	131	213	103	154	154	135
	12%	11%	13%	14%	10%	15%	15%	14%
5권 이상	677	468	192	702	271	509	449	658
	52%	46%	19%	47%	27%	51%	45%	65%
1권 이상 전체	1043	740	566	1186	559	820	750	908
	80%	73%	56%	79%	56%	82%	75%	90%

출처: Eurobarometer 79.2 (2013) QB 1.9

에 비해 책을 많이 읽는다는 것이 뚜렷하게 밝혀진 것이다.

이러한 결과는 유로바로미터가 실시한 조사를 통해서만 알려진 것은 아니다. 경제협력개발기구OECD 나 유럽연합EU, 국제연합UN 산하 기관에서 실시한 각종 문화지수 조사나 문해력에 관한 조사에서 북유럽 국가들은 언제나 최상위 그룹에 자리 잡았다. 그런 자료를 볼 때마다 "북유럽에서는 언제부터, 어떻게 책 읽기 문화가 자리 잡게 되었을까?" 하는 의문이 들었다.

북유럽 읽기 문화의 뿌리

북유럽 책 읽기 문화에 관한 자료들을 찾아보다가 스웨덴 우메오 대학교 에겔 요한손 교수가 쓴 흥미로운 논문*을 발견했다. 논문에는 1807년에 스웨덴을 방문한 스코틀랜드 전도사 존 패터슨의 여행기 일부가 소개되어 있었다.

> 나는 말뫼를 떠나 룬드에 있는 친구 하이란더를 방문해서 주교와 교수 몇 명을 사귀게 되었다. 하이란더의 교구는 말뫼에서 멀지 않았기 때문에 하

---

* Egil Johansson, 'The history of Literacy in Sweden, in comparison with some other countries' *Educational Report*, Umea, No. 12, 1977

루는 그의 교구 주민들이 시험을 보는 곳에 가보았다. 시험이 열리는 농부의 집에는 이미 많은 사람들이 모여 있었다. 노인이나 젊은이나 모두 그들에게 던져진 질문에 대답하고 있었는데, 답변이 시원치 않은 사람은 호되게 질책을 받았고, 더 열심히 하라는 주의를 받았다. 대체로 시험은 매우 잘 치러졌다. 모두가 읽을 수 있다는 것이 일단 좋은 분위기를 만들었다. 정말이지 북부의 프로테스탄트 나라 사람들은 다 마찬가지임이 분명하다. 아마 글을 못 읽는 사람은 열 명이나 열두 명에 한 명 이상 만나기 힘들 것이다. 그리고 대다수는 쓸 수도 있었다. 그런데, 그곳에는 스코틀랜드에 있는 교구 학교 같은 것은 없었다. 어린이가 열네 살 정도가 되어 교구 목사에게 견진성사를 받고 성찬을 허락받을 때까지 부모가 바로 자녀들의 선생이었다. 교리문답을 읽을 때까지는 아무도 견진성사를 받을 수가 없고, 견진성사를 받을 때까지는 법정에서 맹서를 하거나 결혼을 할 수가 없기 때문에 책을 읽지 못하는 것은 아주 수치스러운 일이었다. 법정에서는 못 읽는 사람이 아무도 없었다. 시험이 끝나고 나면 모든 가족이 푸짐한 저녁상을 즐겼다.

이 내용을 정리해보면, 목사가 교구를 돌며 주민들에게 읽기 시험을 치렀는데 대부분 잘 읽고 쓸 수 있었다는 것이다. 그리고 그런 것은 프로테스탄트 지역이 모두 마찬가지였고, 성경을 읽지 못하는 사람은 결혼을 할 수 없게 하였다는 것이다. 패터슨은 또 스코틀랜드처럼 교구 학교도 없었다는 점을 놀라워하였다.

에겔의 논문에 정리된 내용을 보면, 교구에서 주민들에게 읽기 시험을 치르는 것은 1686년 스웨덴 국왕 찰스 11세가 교회법을 만들면서 시작되었다. 당시 교회법에는 이렇게 표현된 조항이 있었다. "어린이나 일꾼들, 그리고 하녀들도 읽기를 배워야 하고, 자기 눈으로 직접 성경에서 하나님이 명령한 것을 보아야 한다." 이것은 루터가 종교개혁을 위해 내세운 핵심적인 메시지이다.

1517년 10월 31일 마르틴 루터가 로마 교황청의 면죄부 판매를 비판하는 「95개조 반박문」을 독일 비텐베르크 성당에 앞에 게시하면서 중세를 뒤흔든 종교개혁이 시작되었다.

루터의 주장은 성서로 귀결된다. 루터는 하느님의 말씀이 담긴 성서만을 유일한 신앙의 근거로 들었다. 하느님과 인간을 중개하는 역할로서 교황과 성직자를 인정하지 않았다. 직접 성서를 읽는 것을 가장 중요시했다. 성서를 읽고 세례받은 기독교인은 모두가 사제라는 '만인사제론'을 주창하였다.

종교개혁을 외치다 교황의 핍박을 받은 루터는 바르트부르크성에 숨어 성서를 독일어로 번역하였다. 인쇄술의 발명으로 성서의 보급이 쉬워졌지만, 일반 시민들은 라틴어로 된 성서를 읽을 수 없다는 점을 해결하기 위한 것이었다. 독일어로 번역된 성서는 인쇄술을 타고 마른 숲에 불길 번지듯 퍼져나갔고, 인접한 나라에서도 성서 번역이 줄을 이었다.

종교개혁은 읽기 혁명이기도 했다. 1600년대에 들어 가톨릭이 우세한 남부, 동부 유럽은 성서를 읽을 줄 아는 사람이 여전히 적었지만, 프로테스탄트 세력이 강했던 중부, 북부 유럽에서는 성서를 읽을 줄 아는 사람이 급격하게 늘어났다. 에겔은 1700년대에 들어설 무렵에 영국, 스코틀랜드, 네덜란드 지역은 50퍼센트 이상, 그 밖에 프로테스탄트 지역에서는 약 35~45퍼센트가 성서를 읽을 수 있었던 것으로 추산했다.

루터의 주장은 일찍부터 북유럽에서 큰 지지를 받았다. 덴마크

루터가 성서를 독일어로 번역한 바르트부르크성과 루터가 성경을 번역한 방. ⓒ윤송현

에서는 처음부터 종교개혁을 지지하는 세력이 컸기 때문에 프레드릭 1세는 1527년에 교회에 대한 교황의 지배를 거부하고, 스스로 덴마크 교회의 대표자가 되었다. 스웨덴은 1523년에 구스타프 바사가 덴마크가 주도하는 칼마르 동맹을 깨고 스웨덴왕국을 세우면서 루터교로 기울었다. 성서도 스웨덴어로 번역되고(1541), 덴마크어로 번역되었다(1550). 그후 신구교 간의 갈등으로 벌어진 30년전쟁(1618~1648)에서 덴마크와 스웨덴은 신교 편에서 싸우며 루터교 국가임을 분명히 하였다.

그리고 스웨덴 국왕 찰스 11세는 1686년 교회법에 루터의 교리에 따른 조항을 넣어 모든 개인이 '자신의 눈으로' 성서를 읽고 배워야 한다고 강제한 것이다.

교회법이 시행되면서 교회 목사의 책임에는 매년 교구 사람들 집을 방문해서 시험을 보는 것이 추가되었다. 주민들을 가르치고 성서를 읽게 하는 것은 교구 목사의 역할이었다. 교회 활동은 주민들 사이에서도 이루어졌다. 외딴곳에 있어 교회에 가기 어려운 사람들은 근처의 읽을 수 있는 사람을 찾아가서 읽어주는 것을 듣고 배워야 했다. 사람들이 집을 돌아가며 방문해서 읽고 이야기를 나누는 '마을 읽기'도 많이 이루어졌다. 교구에서는 일차적으로 목사가 선생이고, 마을에서는 마을 사람들 중에 읽을 줄 아는 사람이 선생이고, 집에서는 제일 연장자가 선생이 되었다.

1723년에 발표된 왕의 칙령은 한발 더 나갔다. 부모나 보호자는 식솔들에게 읽는 것을 가르치고, 교리문답 과정을 공부하게 해야 했다. 그것을 소홀히 하면 벌금을 내야 했다.

읽기 교육이 선생 없이 자체적으로 이루어졌다는 점이 매우 중요하다. 가정에서는 부모가 자녀에게 읽어주고 가르쳐주고, 마을에서도 주민들이 모여 서로 교리문답과 성서를 읽어주고 가르쳐주는 것이 오랜 세월 반복되어 북유럽 사회의 큰 문화적 특징이 되었고, 이후 성인 교육, 학교 교육에도 큰 영향을 미쳤다.

북유럽 사람들은 가족 간 접촉을 중시하고, 가족과 함께 많은 시간을 보낸다. 아이들이 있을 때 부모는 아이들 중심으로 일상을 보낸다. 아이들이 어렸을 때는 대부분 가정에서 책 읽어주기를 열심히 한다. 자기 전에 책을 읽어주거나 이야기를 들려주는 것이 부모의 당연한 일과처럼 되어 있다. 수백 년 동안 반복되어온 가족 중심 읽기 문화의 영향인 것이다.

이 당시에는 '읽는' 것이 오직 성서와 교리문답, 찬송가 외에는 크게 쓰일 곳도 없었다. '읽기' 시험이라는 것도 마찬가지였고, '읽을 수 있다'고 기록한 것도 늘 보는 교리문답서의 일정한 구절을 소리 내어 말했다는 것이고, 내용을 모르는 새로운 책을 읽었다는 것은 아니었다. 읽을 수 있는 능력은 보편화되어 있었지만, 읽을 것이 매우 제한되어 있었던 것이다.

그러나 종교적인 목적으로라도 사람들이 대부분 글을 계속 읽고 이해할 수 있었다는 것이 매우 중요했다. 농업사회였기 때문에 글을 읽어도 활용할 수 있는 기회는 적었지만, 사람들이 서로 글을 읽고 의사 표현을 할 수 있었기 때문에 이전보다 훨씬 자유롭고 도덕적이고 협력적인 공동체 문화를 만들어낼 수 있었다. 또 19세기에 들어 대륙에서 싹튼 계몽사상을 담은 책이 보급되었을 때, 그것을 읽을 수 있는 사람이 많았고, 그 내용과 사상이 쉽게 퍼져나갈 수 있었다.

루터교로 전환은 북유럽에 매우 큰 영향을 미쳤다. 루터교로 개종한 이후 교회는 국가와 하나가 되었다. 교회는 지방의 모든 행정을 대신하는 기구가 되었다. 교구의 행정이 커지면서 교회 부설로 문법학교를 운영하기 시작했다. 귀족 자제나 경제적 기반을 다진 이들의 자녀들을 받아 라틴어 문법, 문장 쓰기, 수학 등을 가르쳤다. 문법학교를 졸업하면 대학을 가거나 목사가 되거나 교구 행정을 담당하는 역할을 하였다.

스웨덴 교육 개혁과 책 읽기

다른 북유럽 국가에 비해 산업혁명이 빨랐고 노동자층이 두터웠던 스웨덴에서는 노동조합의 지원을 받은 사회민주당이 정국을 주도하면서 사회 모든 분야에 평등 이념을 정착시켰다. 특히 교육에 있어서 모든 차별 요인을 제거하고, 모든 국민들이 자신의 삶을 주도적으로 이끌어나갈 수 있게 하기 위해 노력했다. 문해력을 높이고, 정보 접근이나 정보 활용에서 차별이 없게 하는 것을 중시했다. 능력자를 선별하고, 능력자를 우대하는 교육을 거부하고, 모든 사람이 차별 없이 교육을 받고, 자신의 적성에 따라 사회 구성원으로 역할을 할 수 있게 하는 교육을 지향했다.

스웨덴에서는 1842년이 되어서야 어린이들을 위한 초등학교 의무교육법이 처음으로 만들어졌다. 법은 통과되었어도 실행에는 세월이 필요했다. 교구마다 학교를 만들어야 했지만, 초창기에는 학교 건물도 따로 없는 경우가 많았고, 교육받은 교사도 없는 상태가 지속되었다. 의무교육이었지만 가정 형편상 학교에 다니기 어려운 어린이들도 많았다. 여름철 농사일이 바쁠 때는 학교에 못 오는 어린이들을 인정해줄 수밖에 없었다. 그런 모습은 학교 교육이 도입될 때는 어느 나라나 겪는 과정이기도 했다.

교육 행정도 교회의 영향 아래 있었기 때문에 교과 과정은 교회 문법학교 과정을 벗어나지 못하고 있었다. 초등학교 의무교육이 자리 잡아가면서 교육에 대한 새로운 주장이 제기되기 시작했다. 1870년대가 되면서 문법학교 과정에 대한 문제 제기가 시작되었다.

아돌프 헤딘은 학교에서 라틴어를 가르치는 것에 비판을 제기했다. 헤딘은 라틴어를 필수과목으로 가르치는 것은 귀족적이고 반민주적이며, 국가 이익에 반하는 것이라고 주장하였다. 반면 라틴어 교육 옹호자들은 라틴어 교육이 연속적인 과학 탐구를 위해 기본적인 토대가 되는 것이며, 헤딘의 주장은 문화적 유산을 망치는 것이라고 주장하였다. 목사들이 특히 소리 높여 라틴어를 비롯한 고전 교육을 옹호하였다. 우리나라에서 한글 전용을 주장하는 사람들과 한자 교육을 주장하는 사람들의 대립과 논리가 비슷하다.

시간이 지나면서 라틴어 교육 폐지를 주장하는 사람들의 목소리가 더 커졌다. 초등교사 출신인 자유당 국회의원 베르그는 이렇게 주장했다.

> "학교는 모두를 위한 교육기관이어야 하고, 모든 사람이 이해할 수 있는 것이어야 한다. 깊이 있는 지식 자체는 덜 중요하다. 문법과 구문 중심의 언어 교육은 그리 강조할 필요가 없다."＊

이런 주장들은 학교를 교회로부터 분리해야 한다는 주장으로 이어졌고, 같은 시기에 활발하게 전개되고 있던 노동운동, 금주운동, 교회개혁운동의 지지를 받았다. 학교 교육은 특수한 집단을 양성하기 위한 것이 아니라 일반 시민들의 학습과 계몽을 위한 것이어야 한다는

＊ Leon boucher, *Tradition and Change in Swedish Education*, 1981, 11p.

주장이 더욱 힘을 얻어나갔다.

1890년대 이후 중등 과정에 다양한 학교가 등장하면서 또 다른 논란이 이어졌다. 대립의 핵심은 교과 과정, 인문계와 실업계 진학을 언제 나눌 것인가 하는 문제였다. 귀족들과 학계에서는 문법학교 선발을 빨리해야 한다고 주장하였다. 교육개혁을 주장하는 세력들은 구별을 너무 빨리하면 안 되고, 중등 과정은 종합 과정으로 운영해야 한다고 주장하였다. 당시에는 6학년 과정까지만 의무교육이었고, 이후에는 여러 형태의 학교가 뒤섞여 있었다.

의견 차이는 쉽게 해결되지 않았다. 정권을 잡고 있던 사민당은 의사가 분명했지만, 지루하리만큼 논의를 계속 이어갔다. 제2차 세계대전이 지난 뒤 9학년까지 종합교육으로 하는 안이 마련되었지만, 사민당은 다시 10년간 지자체별로 실험하는 과정을 만들었다. 그러고는 1962년이 되어서야 교육 과정의 구별이 없는 9학년의 종합 교육 과정을 의무교육으로 도입하였다. 오랜 교육개혁 논의에 종지부를 찍은 것이다. 학생들은 9학년을 마친 다음에 고등학교 과정부터 각자의 관심과 능력을 반영하여 인문계 학교인 김나지움이나 실업계 고등학교를 선택하게 되었다.

이러한 학제 개편 논의 과정에서 초등교육의 목표가 낮춰졌다. 학교의 목적은 지식 전달이 아니라, 사회적 관계의 발달에 두어졌다. 스웨덴 집권 사민당의 교육개혁가들은 주입식 교육, 성적 평가를 적극적으로 비판하였는데, 그렇게 얻어진 지식은 쓸모없고, 지루하고, 부르주아적이라고 말하기까지 했다. 이전에 헤딘이 라틴어 교육을 비판했던 것과 같은 용어를 사용하고 있다.

스웨덴 복지를 완성했다고 평가받는 올로프 팔메는 총리가 되기 전에 교육부 장관으로 교육 개혁을 주도하기도 하였다. 1960년대 후반에 한 연설에서 팔메는 "사람들은 개인적인 성취를 위해 학교에 가는 것이 아니라, 그룹의 구성원으로서 어떻게 역할을 할 것인가를 배우러 가는 것이다"라고 말하였다. 팔메는 스웨덴 교육이 특수한 우등생을 만들기 위한 것이 아니라, 보통의 스웨덴 국민이 건전한 사회 구성원으로서 역할을 할 수 있게 하는 것이라는 점을 강조하였다. 또, 팔메는 성적 평가와 영재 교육을 거부하고, 적성과 재능을 살리는 교육을 적극 옹호하였다.

팔메를 이어 스웨덴 총리를 지냈던 잉바르 칼손 Invar Carlsson, 1934~ [*]도 학교 교육의 목표가 건전한 사회 구성원을 배출하는 것임을 강조하였다. 1970년대에 들어 스웨덴 교육계에서는 학생들의 수업 상태를 담은 리포트 작성에 대해 많은 논란이 있었다. 교육부 장관이던 칼손은 의회 보고서에서 이렇게 주장했다. "상급 학교 진학이나 취업을 위한 근거 자료로 리포트 카드를 만드는 것은 학교 교육이 지식과 기술

---

[*] 1986년에 올로프 팔메의 뒤를 이어 스웨덴 수상이 되었다. 1994년에 두 번째 수상이 되었고, 1996년 주변의 만류를 뿌리치고, 새로운 삶을 찾아 스스로 수상의 자리에서 물러났다.

을 전달하는 방향으로 기울게 되는 위험을 초래한다." 많은 논란 끝에 학생 수업에 대한 리포트는 8학년(중학교 2학년) 이후에야 작성하는 것으로 정리되었다. 그전에는 선생님이 직접 학생과 학부모에게 학생의 학습 정도에 대해 이야기해주었고, 어떤 문서나 리포트도 남기지 않았다. 스웨덴에서 성적을 구분하지 않는 시스템은 2011년까지 계속 이어졌다.*

이렇게 스웨덴 교육은 주입식 교육에서 열린 교육으로 바뀌었다. 학교가 주입식 교육을 하지 않기 때문에 학생들은 책을 공부해야 할 대상으로 여기는 스트레스를 받지 않는다. 학교에서 평가를 하지 않고, 성적을 기록하지 않기 때문에 학생들에게는 그로 인한 불안이나 낙인이 없다. 자주적인 독서와 토론, 협력을 통한 프로젝트 수행이 일상이 되었다. 학생들은 그룹별로 도서관을 찾아가 자료를 찾고, 서로 협력하면서 발표 자료를 만든다. 도서관에서 책을 통해 문제를 해결하는 과정을 반복적으로 몸에 익히는 것이다. 그런 학교생활을 하고 사회에 나서면 어떤 직업을 갖더라도 책을 친근하게 대하고, 독서와 학습을 긍정적으로 받아들인다. 도서관에는 늘 이용자들이 붐비고, 수많은 성인 학습 프로그램에는 신청자들이 줄을 잇는 배경이다.

---

* 2011년 집권 우파연합은 PISA에서 스웨덴이 뒤떨어진 성적을 보인 것을 문제 삼아 학생들의 성적 향상을 더욱 요구하게 되었고, 결국 6학년부터 평가를 통해 성적표를 만들었다.

덴마크 교육 개혁과 책 읽기

　루터교 개종은 덴마크에서도 커다란 변화를 몰고 왔다. 스웨덴처럼 법으로 강제하지는 않았지만, 직접 성서를 읽는 것을 중요시하였다. 학교는 없어도 가정에서 성서 읽기와 교육이 이루어져 뿌리 깊은 문화로 자리 잡았다. 17세기 덴마크에서 영국 대사로 근무했던 로버트 몰스워드는 1692년 본국으로 귀국 후 작성한 보고서에서 "시민들이 대부분 읽고 쓰기를 했다"는 점을 기록해놓았다.*

　1800년대는 덴마크에 고난의 시기였다. 나폴레옹전쟁을 정리하는 빈회의 결정으로 노르웨이를 스웨덴에 넘겨주어야 했고, 나중에는 스코네 지역도 스웨덴에 넘겨주어야 했다. 전쟁 배상과 경제적 기반 상실로 인한 어려움을 채 극복하기도 전에 남쪽에서 프로이센의 압박을 받았다. 결국 두 차례에 걸친 프로이센과의 전쟁에서 패하여 유틀란트반도 남쪽 슐레스비히와 홀슈타인을 잃었다.

　이러한 국가의 위기 상황은 덴마크 사람들의 민족의식을 일깨웠다. 젊은이들이 앞장서서 국민을 계몽하여 민족의식을 일깨우려는 움직임이 활발해졌다. 척박해서 버려졌던 유틀란트반도를 개간하

---

* R. Molesworth, *An Account of Denmark*, Liberty Fund, Indianapolis, 2011, p. 155.

는 개척운동도 전개되었다. 운동의 정신적 지주가 된 사람은 그룬투비였다.

영국에서 유학 생활을 하며 근대적인 교육을 접한 그룬투비는 덴마크로 돌아와 혁신적인 교육 개혁을 주장하였다. 특히 민중교육을 중요하게 생각한 그룬투비는 기존 대학교와 문법학교가 너무 아카데믹하고 엘리트만을 위한 것이라고 비판하고, 민중의 눈높이와 민중의 생활에 도움이 되는 새로운 교육을 주장하였다. 학자나 관료를 만들어내는 교육이 아니라 민중들이 생활 속에서 활용할 수 있는 교육을 주장하였다.

그룬투비는 민중들이 이해하기도 힘든 단어들로 채워진 책에 파묻혀 있는 교육을 반대하였다. 가르치는 교사와 배우는 학생이 구분되는 방식도 반대하였다. '생활 언어living word'로 대화를 통하여 일상생활을 함께하며 서로 가르치고 배워야 한다고 주장하였다. 엄격하고 딱딱한 주입식 교육도 반대하였다. 생활 속에서 재미있고 활기차게 일상 속에서 이루어지는 활동을 중요시했다.

그룬투비를 따르는 젊은이들은 곧 전국으로 흩어져 성인들을 대상으로 '폴케호이스콜레(공민고등학교)'를 열었다. 농번기를 피해 겨울에 합숙을 하는 프로그램이었다. 시험은 보지 않았다. 참가해서 같이 생활하며 대화를 하는 것만으로도 계몽의 의미가 있다고 생각하였다. 참가한 농민들이 서로에게 선생이 되었다. 폴케호이스콜레는 덴마크의 민족주의 운동, 개척 운동과 결합하여 빠르게 확산되었다. 1867년에는 전국에서 21곳에 문을 열었고, 1918년에는 68곳에서 운영되었다.

대화를 통한 생활 속 교육을 중시하는 그룬투비 교육 철학은 자유학교로도 이어졌다. 그룬투비 철학은 자녀는 부모가 직접 교육하는 것이 더 좋다는 생각에 힘을 실어주었고, 뜻을 같이하는 사람들이 모여 자신들의 방식으로 아이들을 가르치는 프리스쿨을 만들게 한 것이다. 1855년 자녀 교육에 관해 부모의 권리를 인정하는 프리스쿨법이 제정되었고, 그때부터 프리스쿨에 대해 일반 학교와 같이 정부의 지원이 이루어지고 있다.

2018년에 충청북도의회 교육위원회 소속 의원들과 함께 덴마크 교육부를 방문해서 브리핑을 듣고 대화를 나눈 적이 있다.

덴마크에서 우수한 학생을 판단하는 기준은 지식 수준의 향상, 관계성 기술, 매니지먼트 기술을 갖추는 것이다. 대화를 통한 수업 방식을 지향하며, 학생 간, 학생과 교사 간에 협동을 하고 융합 수업을 하려고 노력한다. 학생들 간 차이를 줄이는 데 초점을 맞추며, 학생들의 강점을 좋은 환경에 노출시키기 위해 노력한다. 학생들끼리의 협력 수업을 중시하는데, 그것이 주입식 교육보다 효과가 뛰어나기 때문이다. 학교뿐 아니라 가정의 학습 확인, 지도, 숙제 등 일상생활에서 부모와 학생이 함께 하는 숙제를 부여한다. 협업 수업이 여러 번 강조되었다.

이러한 설명은 코펜하겐 외곽에 있는 프리스쿨에서 확인할 수 있었다. 15명 남짓의 학생들로 이루어진 학급에서는 자유로운 분위기에서 제시된 주제에 따라 그룹별로 발표를 하고 있었다. 그때 주제는 '바다'에 관한 것이었다. 어린 학생들이 바다에 관한 여러 자료를 가져다놓고 둘러앉아 이야기를 하고 있었다. 주제는 대개 일주일 단위로 정한다고 했다. 일주일간 바다라는 주제를 두고, 학생들이 자신들의 경험이나 호기심, 관심을 바탕으로 작은 테마를 정하고, 도서관에 가서 관련된 다양한 자료들을 찾아보고 정리하며 발표 자료를 만든다. 발표 자료를 만드는 과정에서 정보를 찾고 토론하고 정리하며, 자연스럽게 자주적이고 협력적인 성향을 기른다.

덴마크 코펜하겐에서 저렴한 숙소를 찾다 코펜하겐 외곽에 있는 집을 예약하게 되었다. 공항에서 지하철과 버스를 갈아타며 찾아가 보니 주택가에 자리 잡은 오래된 주택이었다. 지하층과 1층은 주인이 사용하고, 건물 2~3층은 에어비앤비로 내놓고 있었다.

젊은 부부에게는 초등학교 저학년인 자매와 갓난아기가 있었다. 부인은 정형외과 의사인데 육아휴직 중이었고, 남편 우프는 안전관리자로 건축회사에서 일하는데, 갓난아기가 태어나고는 회사를 그만두고 육아휴직 중인 부인과 함께 아이들 돌보기에 전념하고 있다고 했다. 이들 부부는 덴마크 사회에 관심을 보이는 우리에게 매우 호의적이어서 저녁이면 같이 자리를 만들어 많은 이야기를 나누었다. 하루는 아이들이 다니는 학교에 가보겠냐고 물어왔다. 우리는 두말하지 않고 일정을 바꾸고 따라갔다.

덴마크에서는 스콜레Skole라고 하는데, 북유럽에는 우리나라의 초등, 중등 과정이 한 학교에 있다. 1~9학년이 다니는 학교이다. 학교에 가는 과정부터 흥미로웠다. 우프는 아이들과 함께 자전거를 타고 갔는데, 버스를 타고 간 우리보다 먼저 학교에 도착해 있었다. 우프는 매일 아침 자전거를 타고 아이들과 같이 학교에 간다고 했다. 코펜하겐에서는 자전거를 타면 더 빠르고 운동도 되고 환경도 지킬 수 있기 때문에 좋다는 말도 빼놓지 않았다. 우프는 학교 안으로 거리낌 없이 들어갔고, 교사들과 자연스럽게 인사를 나누며 우리를 안내했다. 헬러룹Hellerup 스콜레는 우리가 생각하는 학교와 전혀 달랐다. 교실과 복도가 나란히 이어진 구조가 아니었다. 커다란 학교 건물 한 지붕 아래 다양한 공간들이 서로 연결되어 있었다. 우프를 따라 학교 안을 돌아보니, 저학년부터 학교에서 독서를 중심으로 한 프로젝트 교육을 하는 모습을 생생히 확인할 수 있었다. 그런데 그런 안내를 해주는 사람이 저학년 학생의 아빠라니. 우프는 자녀들이 학교 구석구석에서 무엇을 어떻게 하고 있는지 자세히 알고 있었다. "우프는 특별한 부모인가?" 하고 물었더니, 고개를 저었다. "아니, 다른 부모들도 다 그래!"

학교 운동장에는 불을 피우는 바비큐장이 있었다. 어린이들과 함

개방된 공간에서 자유로움이 느껴지는 헬러룹스콜레 교사 내부.ⓒ윤송현

께 바비큐를 만들기도 하고, 그냥 불을 피워 불장난을 하기도 한다고 한다. 그럴 때면 항상 어른들이 한 명은 옆에서 지켜본다고 하는데, 어쨌든 학교에 불장난을 할 수 있는 곳까지 있다니. 놀라는 우리를 보며 우프는 친절하게 설명을 해준다. 덴마크에서는 아이들의 안전을 중시하지만, 그렇다고 무엇인가를 하지 못하게 하는 것이 아니라, 위험성을 깨닫게 하고, 그것을 피하는 방법, 이겨내는 방법을 배우게 한다는 것이다. "어릴 때는 넘어져도 크게 다치지 않지만, 어른이 되어

서 넘어지면 크게 다치기 쉽다. 어려서 위험하다고 나무에 오르지 못하게 하면 그 아이는 평생 나무에 오르지 못하게 된다." 아이를 키우는 보통 덴마크 아빠의 이야기였다.

핀란드 책 읽기 문화의 비밀

2000년, OECD에서 처음 실시한 국제학업성취도평가PISA에서 핀란드가 수위를 차지하면서 핀란드 교육이 세계적인 관심을 끌었다.

PISA는 OECD가 주도하여 세계 각국에서 의무교육이 끝나는 시점에 있는 만 15세 학생들의 읽기·수학·과학적 소양을 평가하는 것으로 3년 단위로 조사를 하고 있다.

처음 실시한 2000년과 2003년 조사에서는 핀란드가 1위를 하였고, 이후 2006년 조사에서는 한국, 2009년 조사에서는 싱가포르, 2012년부터는 중국이 1위를 유지하고 있다. 주입식 교육을 하는 아시아권 국가들의 성적은 그러려니 했지만, 핀란드가 좋은 성적을 내는 것에 세계가 놀라움을 갖고 들여다보았다.

핀란드 교육에 대한 세계의 관심이 집중되자, 핀란드 교육부는 아예 핀란드 교육의 특성과 PISA 성적이 우수한 배경을 소개하는 자료를 만들어 배포하였다.

핀란드 교육부가 뽑은 가장 중요한 요소는 '평등과 신뢰의 문화'다. 학교 급식을 포함하여 모든 교육은 무상으로 이루어진다. 평등은 가장 기본적인 대원칙으로 철저하게 지켜진다. 모든 사람은 거주지나 성, 사회적 경제적 지위나 민족, 종교 등에 관계없이 평등한 교육 기회를 갖는다. "가장 가까운 학교가 어린이에게 가장 좋은 학교"라는 원칙이 지켜진다. 모든 학교는 관할 구역이 구분되어 있다. 사립학교나 영재학교는 없다. 선발이나 우열반 편성은 하지 않는다. 종합학교(9학년까지)는 국가 단위로 테스트를 하지 않는다. 학교는 최대한 자율적으로 운영한다. 국가에서 제시하고 관리하는 교과서나 교과 과정이 정해져 있지는 않다. 학교 단위로 선생의 판단과 학부모, 학생의 참여 속에 교과 과정이 정해진다. 교육부가 노력하는 것은 교사의 역량을 높이는 것이다. 교사는 석사학위를 가져야 지원할 수 있는데, 그렇다고 교사의 처우가 월등히 좋은 것은 아니지만 교사 지망생이 많다. 교사에 대한 사회적 인식이 좋고, 교사의 사명 의식도 높다.

실제로 핀란드의 PISA 성적을 자세히 들여다보면 지역별, 학교별 학력 편차가 크지 않다는 점을 알 수 있다. 능력별 선발 학교가 아니고 지역별 종합학교이기 때문에 학교별 편차가 크지 않다는 것은 이해가 가지만, 대도시나 시골 농촌 지역의 학력 격차가 크지 않다는 것은 다른 나라에서는 생각하기 어려운 점이다. 이 점이 바로 핀란드가 가진 강점 중 하나다. 지역별로도 차별 없는 교육 여건을 갖추고 있고, 교사들의 실력도 지역별로 편차가 크지 않다.

학생들 간에 편차가 적은 점은 특히 저학력자가 적다는 것을 의미하는데 이 점은 북유럽 국가에서 공통적으로 보이는 모습이다. 핀란드 교육부는 이 점에 대해서 '느린 학습자'에 대한 특별한 관심과 배려를 강조한다.

모든 학생은 기본적인 교육 외에도 자신의 정도에 맞게 보조적인 추가 학습을 받을 권리를 갖는다. 추가 학습을 위해 교사는 부모를 비롯한 외부 전문가와 긴밀하게 협조한다. '느린' 문제에 대해 가능한 한 조기에 개입하여 진단하고 회복하려고 노력하는 것이다. 이러한 노력의 바탕에는 평등의 정신, 모든 사람을 소중하게 여기는 정신이 깔려 있다. 어린이들을 낙오자 없이 건강한 사회 구성원으로 자라게 하는 것을 교육의 가장 중요한 목적으로 여기고 실행하는 것이다. 그래서 핀란드의 '느린 학습자'들은 다른 나라의 '느린 학습자'에 비해 기본 기술에서 훨씬 나은 역량을 보이고 있고, 이것이 PISA 평가에서 큰 역할을 하고 있다.

핀란드를 비롯한 북유럽 교육의 특징 중 하나는 교과서가 없는 프로젝트형 수업 방식이다. 교육은 사회생활에 필요한 지식을 전수하고 주입하는 것이라는 관념은 일찍이 폐기되었다. 학교는 지식을 전수해주는 곳이 아니라 학생이 스스로 학습하는 역량을 길러주는 곳이다. 사회생활에 필요한 지식은 정해져 있는 것이 아니고, 개인이 사회생활을 하면서 계속 찾고 익혀야 하는 것이다. 학습은 지식을 수용하는 것이 아니다. 학습은 지식을 탐구하고 구성하는 주체적인 활동이다. 중세시대 왕의 이름을 순서대로 외우게 하는 것은 역사를 이해하고 배우는 것과는 아무런 관련이 없고, 오히려 역사를 단편적으로 받아들이게 하고 거부감을 심어줄 뿐이다. 핀란드에는 과목별로 지정된 교과서가 없다. 교과서라 할 수 있는 종류가 여러 가지 있어서 교사가 학부모나 학생들과 소통하면서 선택할 수 있다. 똑같은 교과서를 정하고, 그것을 이해하고 암기하도록 하고, 얼마나 이해하고 암기하고 있는지를 평가하는 것은 의미 없는 지식 전달로 학생들을 고문하고 상처만 남길 뿐이다. 그리고 학교를 벗어나면 아무런 쓸모가 없는 죽은 지식일 뿐이다.

핀란드 교육부는 이것을 사회구성주의적 학습socio-constructivist learning이라고 설명하고 있다. 단어는 어렵지만 내용은 어렵지 않다. 지식은 한 가지밖에 없는 것도 아니고, 정해진 대로만 알고 있으면 되는 것도 아니다. 지식은 학습하려는 사람이 스스로 문제의식을 갖고 사실을 분석하고, 다른 사람의 경험과 지혜를 참고하며 탐구해가는 과정에서 얻어질 때 살아 있는 것이 된다. 어린 학생들이 정해진 교과서를 펴놓고 암기하는 교육이 아니라, 주제를 중심으로 자료를 찾아보고 서로 토론하면서 자신의 의문을 밝히고, 관련 내용을 정리하는 방식이 바로 사회구성주의적 학습이다.

이런 자기주도적 프로젝트 학습이 주를 이루기 때문에 학생들의 일과는 늘 도서관을 중심으로 이루어진다. 핀란드가 PISA에서 좋은 성적을 내는 것은 기본적으로 도서관을 가까이하는 교육이 바탕에 있다. 그 위에 핀란드만의 교사에 대한 처우, 민족의식 등이 함께 작용하며 학생들의 학습 역량을 뒷받침하고 있다.

6장

스웨덴
민중도서관에서 공공도서관으로

독서방, 스터디서클 그리고 노동도서관

19세기는 스웨덴에서도 급격한 변화의 시기였다. 대륙에서 계몽사상과 산업혁명의 바람이 함께 불어와 스웨덴 사회를 빠르게 변화시켰다. 인텔리와 부르주아층에 기반한 중간 계층이 빠르게 형성되었다. 국제 교류가 확대되고, 농업 생산 방식이 변화하면서 일자리를 잃은 소농들과 농업 노동자들은 도시로 몰려들었다. 도시에서는 기계를 이용한 공장이 들어서면서 자본에 의한 고용과 생산이 확산되었다. 노동자들은 장시간 노동과 저임금에 시달려야 했고, 극도로 열악한 주거환경에서 살아야 했다. 끝이 보이지 않는 고된 삶의 터널에서 사람들은 술에 빠져들었다. 춥고 밤이 긴 겨울에는 더욱 심했다. 대낮에도 거리에는 술에 취해 쓰러져 있는 사람들이 많았고, 온갖 사회적 문제가 이어졌다.

이런 민중의 질곡 같은 상황을 바꾸려는 움직임은 크게 두 갈래로 일어났다. 교회와 자유주의자들이 중심이 된 금주운동과 노동조합이 중심이 된 노동운동이다. 금주운동은 1870년대 미국에서 프로테스탄트를 중심으로 시작된 운동으로 금욕과 절제를 내세웠고, 민주주의를 지향하며 인종, 민족, 종교를 떠나 평등을 호소하였다. 스웨덴에서는 이 금주운동이 빠르게 확산되었다.

대륙에서 시작된 노동조합 운동도 움트기 시작했다. 노동조합이 산발적으로 만들어지더니 1879년에는 북쪽 순스발 목재소에서 처음으로 대규모 파업이 조직되었다. 1883년에는 노동조합들이 연합하여 중앙위원회를 결성하였는데, 이들의 주된 요구는 10시간으로 노동 시간 단축, 임금 인상, 직장의 위생 향상이었다. 1889년에는 스웨덴 현대사에서 중심적인 역할을 수행한 노동조합총연맹LO(이하 LO로 표기)이 결성되었다.

두 운동을 이끌던 지도자들은 성인을 대상으로 한 학습을 중시했다. 스웨덴에서는 1842년부터 4년제 초등학교가 의무교육으로 도입되었지만, 초보적인 단계에 머물러 있었고, 성인들의 교육 수준은 매우 낮았다. 금주운동 지도자들은 사람들이 독서를 통해 건전한 의식을 기르면 절제할 수 있고, 음주의 유혹에서 벗어날 수 있다고 생각하였다. 현실적으로 금주를 위해서는 밤 시간을 보낼 수 있는 새로운 문화도 필요했다. 노동운동가들도 노동자들이 학습을 통해 사회의 작동 원리를 이해하고, 근대적인 시민의식과 계급의식을 갖는 것을 중요한 과제로 여겼다.

금주운동 지도자들은 모임방을 만들어 같이 책을 읽으며 학습을 했고, 모임방에 책을 쌓아놓고 돌려보면서 '독서방'을 만들었다. 노동운동가들도 노동자들과 함께 책을 읽고 학습을 하는 스터디서클을 조직하였고, 이것이 점차 노동도서관으로 자리 잡았다.

당시 스웨덴에 도서관이 없었던 것은 아니다. 1800년대에 들어서 교회에서 교구도서관을 만들기 시작했고, 1860년대에는 전국에 1500여 개에 달했다.* 그렇지만 교구도서관은 교리에 관한 서적이 대부분이었고, 그나마도 소수 계층만 이용할 수 있었다. 새로운 독서운동 움직임은 교구도서관의 보수적인 문화에 대한 기층 민중들의 반발이기도 했다.

독서방이나 스터디서클은 위계가 없는 방식으로 운영됐다. 거기에는 서클 멤버 외에 특별한 선생이 없었고, 이용자들이 같이 커리큘럼을 정하고, 책을 읽고 토론하면서 스스로 배워나갔다. 학교 없이 가정에서 이루어진 읽기 교육의 전통, 대화와 토론을 통한 상호 교육의 문화가 기반이 되었다. 한곳에 모여 책을 읽고 토론하는 활동은 자연스럽게 읽은 책을 쌓아두고 돌려보는 방식으로 발전하고, 책을 모아놓은 공간의 규모가 점점 커지면서 장서를 갖춘 도서관으로 발전하였다. 삶의 현장에서 도서관 활동이 조직되고 발전한 것이다.

노동조합과 노동운동 지도자들이 스터디서클과 노동도서관 활동에 거는 기대와 목표는 좀더 분명했다. 노동도서관 활동을 이끌었고, 뒤에 초창기 사민당의 지도자가 된 악셀 다니엘손은 노동자들에게

---

* Magnus Torstensson, *From Volunteers to Professionals: The Origin and Development of Public Librarianship in Sweden during the 20th Century*, Swedish School of Library and Information Science University of Borås, Borås, Sweden.

이렇게 말했다.*

"민중들의 무지는 힘이 없는 것을 의미한다. 스스로 돕는 것 외에는 다른 도움은 없다. 당신이 사회의 주인이 될 때까지 사회가 주지 않은 것을 스스로 얻기 위해 노력해야 한다. 노동자의 교육과 계발은 노동자 조직에 의해 이루어져야만 한다."

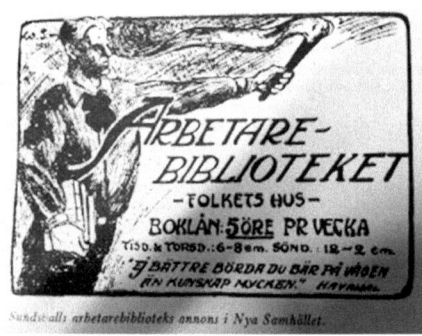

1909년 스톡홀름 북부 순스발 지역 신문에 실린 노동도서관 광고.

노동도서관과 관련한 자료를 찾아보던 중 1909년경 스웨덴 북부 순스발의 지역 신문에 실린 노동도서관 광고를 발견했다. 광고에는 노동자가 한 손에 계몽의 뜻을 담은 횃불을 들고 다른 손에는 책을 들고 있는 모습이 그려져 있다. 광고 문안은 "지식이야말로 네가 운반할 가장 좋은 짐이다"였다. 이것은 북유럽의 오딘 신화에서 나오는 말이다. 책을 일주일간 대여하는 데 5센트라는 표시가 있다. 당시 노동

---

* Magnus Torstensson, *Workers and Libraries – A Question of Class in Public Library Development in Sweden*.

도서관은 어떤 외부의 지원 없이 이용자들의 힘을 모아 운영됐다는 것을 보여준다.

노동도서관은 노동조합의 지원을 받아 전국적으로 활발하게 조직되고 운영되었다. 1891년에는 스톡홀름에 있는 작은 노동도서관들이 합쳐서 스톡홀름 노동자도서관을 만들었다. 스톡홀름 노동자도서관은 스톡홀름 시민들이 가장 많이 이용하는 도서관이 되었고, 이후에는 스톡홀름시립도서관을 만드는 데 중심적인 역할을 하였다.

초창기 독서방과 노동도서관은 이용자 회비나 도서 대출비, 독지가 후원금으로 운영되었다. 독서방과 노동도서관 운동이 활발해지면서 이에 대한 예산 지원을 요구하는 청원이 의회에 계속 제출되었으나, 도서관이 민간 영역에 속한다는 보수 세력의 주장에 막혀 번번이 기각되었다. 그때까지만 해도 대부분 유럽 국가 의회가 그랬듯이 스웨덴 의회는 신분이나 재산에 따라 투표권이 주어지는 선거를 통해 구성되는 신분제 의회였다. 납세액이 투표권 할당의 기준이 되었다. 의회는 당연히 세금을 많이 낼 수 있는 귀족들이나 부르주아 상류층이 다수를 차지했고, 그런 의회에서 보수 세력은 일반 시민들이 교육을 받고, 독서를 통해 새로운 문물을 접하고 권리의식을 갖는 것을 원치 않았다.

청원은 계속되었고, 개혁적인 자유주의 세력의 지원 속에 1905년에 처음으로 교구도서관과 자치단체 도서관에 예산을 지원하는 칙령이 만들어졌다. 실제 지원 규모는 소량의 책을 구입할 수 있는 적은 금액에 불과했지만, 처음으로 민간의 도서관 운동을 인정한 것이어서 의미가 컸다.*

보통선거권 운동과 민중도서관 지원법

스톡홀름 중앙역에서 북쪽으로 500미터쯤 걸어가면 노라공원이 있고, 맞은 편에 LO 건물이 있다. 지금은 공원으로 조성되어 있지만, 예전에는 스톡홀름 중앙역에 접해 있는 광장이었고, 이곳에서 사민당과 LO가 주도하는 집회가 자주 열렸다.

1902년 이 노라광장에서 보통선거를 요구하는 역사적인 대중집회가 열렸다. 스웨덴에도 이미 국민주권에 대한 의식이 널리 확산되어 있었고, 신분이나 재산에 따라 투표권을 차별하지 않는 보통 평등 선거에 대한 요구가 끓어올랐지만, 보수 세력이 계속 거부하자 보통선거 운동 진영이 대중집회를 열어 장외투쟁에 나선 것이다. 집회에는 무려 12만 명이 넘는 인파가 모였다. 스웨덴에서는 전례 없는 규

---

* Magnus Torstensson, *From Volunteers to Professionals: The Origin and Development of Public Librarianship in Sweden during the 20th Century*, Swedish School of Library and Information Science University of Borås, Borås, Sweden

노라광장에 있는 기념 부조물. 보통선거를 요구하는 집회를 표현했다. ⓒ윤송현

모였고, 그 자체로 엄청난 정치적 사건이었다.

자유당과 사민당은 끈질기게 보통선거 실시를 압박했다. 결국 1909년에 의회에서 25세 이상 성인 남자들을 대상으로 투표권을 인정하는 법안을 통과시킬 수 있었다. 비록 남성에 한정됐고 연령 제한이 높았지만, 물꼬가 터진 이상 확대는 시간문제였다.

이때 선거제도에 매우 중요한 변화가 있었다. 선거구제가 소선거구제에서 비례대표제로 바뀐 것이다. 이전에는 선거구별로 다수의 지지를 받은 사람을 뽑는 소선거구제를 실시했다. 보통선거 도입 주장이 커지면서 보수 세력은 긴장하지 않을 수 없었다. 보통선거를 받아들이면 보수 세력은 크게 불리할 수밖에 없고, 의회에서의 입지는 크게 줄어들 것으로 예상되었다. 특히 노동자들이 많은 도시에서는 보수 세력은 거의 힘을 쓰기 어려울 것으로 보였다. 그렇다고 보통선거 요구를 계속 거부할 수도 없었다. 결국 보수 세력은 소선거구제보다 비례대표제 선거가 유리하다고 판단하였고, 보통선거 도입 협상에서 비례대표제로 전환할 것을 집어넣었다. 다른 유럽 국가들이 비슷한 시기에 비례대표제로 전환한 것도 같은 맥락이었다.

1911년에 처음으로 보통선거가 이루어졌다. 예상했던 대로 의회 내에서 자유당과 사민당의 의석이 크게 늘었다. 이들은 1912년에 그동안 의회에서 계속 거부되었던 '민중도서관 지원법'을 통과시켰다. 이 법은 민간에서 시민들이 만들고 운영하는 도서관을 '민중도서관 People's Library'으로 규정하고, 민중도서관에 보조금을 지원할 수 있도록 한 것이다. 법안이 통과되면서 독서방이나 노동도서관 같은 민간 학습 조직들이 좀더 안정적인 운영 기반을 확보하게 되었다.

보통선거 도입과 도서관 지원이 무슨 관계가 있을까 하는 의문이 들지만, 이 부분이 북유럽 도서관 문화를 이해하는 중요한 고리가 된다. 보통선거가 실시되면서 모든 시민이 평등한 투표권을 갖게 되었고, 시민 한 사람 한 사람의 투표권이 더욱 중요해졌다. 그만큼 시민들이 올바로 투표할 수 있게 하는 것이 중요해졌고, 모든 정당이 성인 학습 지원의 필요성을 현실적인 과제로 받아들이게 된 것이다.

기득권층은 시민들이 계몽사상의 영향을 받는 것을 바라지는 않았지만, 더 이상 민중의 눈을 가릴 수는 없었다. 시민들에게 전통적인 문화와 민족적인 이익을 강조하여 지지를 호소해야 했다. 보수 세력의 한 축을 이루는 자본가들은 생산시설을 운영하고 산업화를 진행시키기 위해서는 더 숙련된 노동력이 필요했고, 교육과 학습을 통해 노동자들을 자신의 영향력 아래 묶어둘 필요가 있었다. 자유주의자들은 시민들이 학습을 통해 전근대적인 신분 의식에서 벗어나고, 근대적인 자유의식과 시민의식을 쌓아야 자신들의 정책을 잘 이해할 수 있고 지지를 받을 수 있다고 판단했다. 사민주의자들은 노동자들이 권리의식과 계급의식을 갖게 하기 위해서는 학습이 필요하다는 점을 인식하고 있었다. 결국 이해관계는 달랐지만 모두 민중도서관에 기대하는 바가 있었다.

민중도서관 지원법에서는 지원 대상을 회원이 2만 명 이상인 전국 조직에서 운영하는 학습 서클로 제한하였다. 법안이 통과되자 성인 학습의 필요성에 공감하는 세력들이 빠르게 연대하여 협회를 결성하였다. 노동계에서는 1912년 노동교육협회ABF를 결성하였다. 성인 학습을 통해 스웨덴 사회를 바꾼 거대한 주역, 지금도 스웨덴 어떤 도시를 가도 쉽게 만날 수 있는 성인 학습 조직이 만들어진 것이다.✽

✽ Magnus Torstensson, *Workers and Libraries – A Question of Class in Public Library Development in Sweden*.

ABF가 결성되자 많은 노동도서관들이 정부 보조를 받기 위해 ABF 내의 학습서클 도서관으로 편입되었다. 일부 규모가 큰 노동도서관들은 지방자치단체로부터 지원을 받아 독립된 활동을 하였는데, 뒤에는 자치단체 공공도서관으로 편입되었다.

노르웨이와 덴마크의 도서관 운동

절제운동과 노동운동으로 확산된 민중도서관 운동은 영국과 미국에서 발달한 공공도서관 시스템과 접하면서 근대적인 도서관 체계를 갖추게 된다. 이러한 변화는 북유럽 국가에서 대부분 같은 패턴으로 진행되었는데, 그중에 대서양을 접하고 있는 노르웨이가 가장 앞섰다.

1893년에 노르웨이 사람 탐스 리체Tambs Lyche는 미국 여행에서 돌아와 《공공도서관》이라는 잡지를 발행하여 미국의 공공도서관을 많이 소개했다. 그가 쓴 원고 중에는 이런 내용도 있다.

"시에서 상수도와 가스 공급 설비를 했다. 참 좋은 일이다. 그러나 나는 감히 말하건대, 시에서 자유롭게 이용할 수 있는 공공도서관을 지었다면 주민 복지를 위해 훨씬 더 좋았을 것이다. 만약 두 가지를 같이 할 수 없다면 도서관을 갖게 해달라. 가스나 수도가 없어도 어떻게 해볼 수 있다. 사람들은 어떤 책, 어떤 지혜, 어떤 생각, 어떤 도움이나 영감을 얻을 것인지를 자기 지갑에 의존하는 것보다는 우물을 팔 것이다."*

노르웨이에서 가장 오래된 도서관은 다이크만도서관이다. 1780년 칼 다이크만Carl Deichman, 1705~1780**은 유언으로 자신이 소장하고 있던 6000여 권의 장서와 문서를 오슬로시에 기부하였는데, 1875년에 일반에 공개되었다. 1898년 시카고에서 도서관 업무를 익히고 돌아온 하콘 뉘후스Haakon Nyhuus, 1866~1913***가 이 다이크만도서관을 미국식 공공도서관 운영 방식에 따라 다시 정비하였다. 다이크만도서관은 북유럽에서는 가장 먼저 미국식으로 운영하는 공공도서관으로 관심을 끌었고, 스웨덴과 핀란드에서도 견학하는 경우가 많았다. 특히 스웨덴에서는 스톡홀름 노동자도서관의 운영에도 많은 영향을 주었다.

덴마크에서 일반인에게 공개된 도서관이 처음 만들어진 것은 푸스테르빅Pustervik에 있는 개인 도서관이었다. 이 도서관에서는 1778년에 성별이나 나이, 직업에 관계없이 모든 사람에게 책을 빌려주었다. 곧 나라 곳곳에서 학교 교사나 목사들이 책을 모아놓고 일반인에게

---

* Tambs Lyche, 1893, p. 761.
** 노르웨이의 사업가, 장서가. 덴마크에서 목사의 아들로 태어났고, 오슬로에서 자랐다. 철공 관련 산업에 투자하여 재력을 쌓았다. 그가 기부한 책이 오슬로 도서관의 시작이 되었다. 지금도 오슬로시립도서관은 다이크만도서관으로 불린다.
*** 노르웨이의 사서, 25세에 미국을 여행하고 시카고 공공도서관에서 7년간 근무하였다. 1898년 오슬로로 돌아와 다이크만도서관을 이끌었다.

빌려주는 도서관을 열기 시작했다. 1880년에 처음으로 도서관에 대한 정부 보조가 시작되었다.

덴마크에 미국식 공공도서관을 소개한 사람은 교사였던 안드레아스 스틴베리Andreas Schack Steenberg, 1854~1919＊였다. 스틴베리는 미국을 여행하면서 공공도서관의 장서 관리, 대출, 운영 시스템을 둘러보고 1900년에 덴마크에서 미국 공공도서관을 소개하는 책을 발간하였다. 스틴베리의 책은 스웨덴과 핀란드에도 소개되어 미국식 공공도서관 시스템을 전파하는 역할을 하였다.

민중도서관에서 공공도서관으로

스웨덴에서도 노동도서관이나 독서방이 빠르게 늘어나는 가운데, 노르웨이와 덴마크를 통해 미국의 공공도서관에 관한 소식이 전해졌다. 1907년에 스웨덴 왕립도서관은 젊은 연구자인 발프리트 팔름그렌Valfrid Palmgren, 1877~1967＊＊을 1년 동안 미국에 보내 공공도서관 운영

＊ 덴마크의 문법 교사. 덴마크 공공도서관 설립 및 운영의 기초를 놓는 데 크게 기여하였다.
＊＊ 1905년부터 왕립도서관에서 근무하던 중 왕립도서관의 지원을 받아 미국에 건너가 공공도서관 시스템을 연구하였다. 귀국하여 공공도서관의 보급, 사서 교육을 위해 다양한 활동을 하였다. 1910년에는 보수당의 추천을 받아 스톡홀름 시의회 의원이 되기도 하였으나, 1911년에 덴마크인 남편과 결혼하여 이후 코펜하겐에서 도서관 관련 일을 하였다.

체제를 연구하게 하였다.

팔름그렌은 귀국 후 미국 공공도서관 운영 모델에 관한 보고서를 작성하고, 국가에 의한 새로운 도서관 운영 체제를 주장하였다. 팔름그렌은 도서관은 국가에서 지원하는 공공서비스가 되어야 하고, 도서관은 모든 사람에게 똑같은 조건으로 개방되어야 하며, 그런 도서관은 전문적으로 교육받은 스태프가 관리해야 한다고 주장하였다. 민간에서 운영하는 민중도서관을 국가에서 지원하는 차원에 머물러서는 안 되고, 국가나 지방자치단체에서 직접 운영하여 국민 모두에게 똑같이 서비스를 제공하는 공공도서관Public Library이 필요하다고 역설한 것이다.

민중도서관은 규모가 작았고, 일반 시민 전체를 대상으로 서비스를 제공하거나, 전문성을 갖추기에도 어려움이 있었다. 공공도서관은 규모 있는 시설과 안정적인 운영, 체계화된 조직으로 민중도서관이 갖고 있는 한계를 넘을 수 있는 좋은 대안이 되었다.

제1차 세계대전이 끝난 뒤, 스톡홀름 시의회는 공공도서관을 짓기 위한 위원회를 구성하였다. 발렌베리재단의 기부로 도서관 부지를 확보하였고, 건축 설계 경쟁을 통해 군나르 아스플룬드에게 스톡홀름시립도서관 건축을 맡겼다.

결국 활발한 민중도서관 운동이 도서관 문화의 굳건한 토양을 만들었고, 민중도서관 운영 경험에서 길러진 도서관에 대한 철학에 미국의 공공도서관 운영 체제가 결합되어 스톡홀름시립도서관이 만들어진 것이다. 때문에 스웨덴 공공도서관 운영 체제는 미국의 양식을 따랐지만, 운영 철학은 스웨덴 민중도서관의 전통에 뿌리를 두고 있다.

북유럽 도서관을 대표하는 스톡홀름시립도서관

새로운 곳을 여행할 때는 가능한 한 그 사회 속으로 들어가 걷는 것이 좋다. 점과 점으로 필요한 목적지만 찾아다니는 것은 여행이라고 하기 어렵다. 사람들이 살고 있는 곳으로 들어가야 그 사회가 간직하고 있는 많은 이야기를 읽을 수 있다. 연수단을 안내할 때는 인원이 많아도 전세버스를 이용하지 않았다. 차창 밖으로 바라보는 것이 아니라, 대중교통을 이용하고 사람들 속에서 걸었다.

노라광장에서 조금만 걸으면 스톡홀름 중심가인 드로트닝가탄이 나온다. '여왕의 길'이라는 뜻이다. 서울 종로라고나 할까. 드로트닝가탄을 따라 걸으면 의회도 나오고, 왕궁도 나오고, 올드타운인 감라스탄도 나온다.

잠시 길가에 비켜서서 지나가는 사람들을 살펴본다. 인구 70만 도시치고는 거리가 무척 붐빈다. 오가는 사람들의 피부색이 참 다양하다. 히잡을 쓴 여성들도 눈에 많이 뜨인다. 스톡홀름은 세계인이 모여

사는 국제도시라는 것이 자연스럽게 느껴진다. 남자나 여자나 옷차림은 화려하지 않고 수수하다. 정장을 입거나 장신구를 한 모습들은 잘 보이지 않는다. 모두 H/M에서 옷을 갈아입고 나온 듯이 캐주얼하고 가벼운 차림이다. 오가는 사람들이 모두 장신이고 단단해 보인다. 한때 미스유니버스를 두 명이나 배출했던 나라지만 지금은 여성들이 미모를 내세우는 모습은 찾아보기 힘들다.

큰길인 스베아베겐을 건너 회토리에트역 입구에 가면 길바닥에 묻혀 있는 조그만 사각 동판을 볼 수 있다. 동판에는 '스웨덴 총리 올로프 팔메 1986년 2월 28일'이라고 새겨져 있다. 팔메 총리는 아들 부부와 저녁을 먹고, 영화를 본 뒤에 헤어져 늦은 밤 부인과 함께 역으로 들어가다 괴한의 총격을 받았다. 범인은 한 명이었고, 총을 쏜 뒤 달아났다. 총리가 경호원도 없이 일반 시민과 똑같이 생활하고 대중교통을 이용했다는 것이 놀랍다. 팔메는 평소 경호원을 대동하라는 권유를 받았으나, 열린 사회인 스웨덴에서는 있을 수 없는 일이라고 거부하였다고 한다. 오랜 세월 동안 범인을 잡지 못하고 있는 것도 오래된 뉴스거리이기도 하다.＊

팔메의 묘소는 근처 아돌프프레드릭교회 마당에 있다. 눈에 띄는 표식도 없고, 장식도 없고, 봉분도 없다. 이름을 새긴 돌 하나가 서 있

＊ 스웨덴에서 오래도록 유학을 한 하수정은 2013년에 올로프 팔메와 그의 암살을 둘러싼 이야기들을 상세하게 정리하여 『스웨덴이 사랑한 정치인, 올로프 팔메』(후마니타스, 2013)를 발간하였다.

아돌프 프레드릭 교회 마당에 있는 올로프 팔메의 묘와 회토리에트 역 입구 팔메가 쓰러진 곳을 표시하는 동판. ⓒ윤송현

고, 그 앞에는 아직도 추모하는 사람들이 가져다 놓은 꽃들이 끊이지 않는다. 30여 년이 지났지만 아직도 스웨덴에는 올로프 팔메를 좋아하는 사람들이 그만큼 많다.

프레드릭교회 끝에 노동교육협회ABF 스톡홀름 본부가 있고, 큰길을 따라 버스 한 정거장 정도를 걸으면 왼편 언덕에 자리 잡은 황토색 건물을 볼 수 있다. 북유럽 건축을 대표하는 건축물이고, 북유럽 도서관을 대표하는 스톡홀름시립도서관 중앙관이다.

스베아베겐 거리에서 도서관을 바라보고 서면 낮은 계단이 완만한 경사로처럼 도서관 입구까지 이어진다. 경사로는 신성한 사원에 오르는 느낌을 준다. 앞쪽에 있는 단층의 상가 건물은 번잡한 속세이고, 계단을 오르는 것은 속세를 떠나 지식의 전당에 오르는 것이다. 좌우측에 큰 글씨로 'Gunnar Asplund, 1928'이라고 건축가 이름을 써 놓았다. 건물에 대한 자부심이 느껴졌다.

건물은 직육면체 위에 원통을 올려놓은 모습이다. 세로로 기다란 모양의 입구는 위쪽으로 좁아진다. 실제보다 더 높게 보이는 느낌을 주는 장치다. 아주 오래된 느낌이 드는데, 고대 이집트 건축물과 같은 느낌을 주려고 했다고 한다.

입구 홀은 좁고, 검은 대리석으로 장식되어 있어 어둡다. 그곳에서 도서관으로 가는 좁은 계단에서 서면 이탈리아 피렌체에 있는 라우렌치아도서관이 떠오른다. 미켈란젤로는 라우렌치아도서관을 설계하면서 회랑의 창을 모두 막고, 계단을 만들었다. 어둠으로 무지를 표현하고, 도서관으로 들어가 지혜를 얻어 광명을 찾는다는 의미였다. 어두운 홀에서 열람실로 올라가는 좁은 계단, 그리고 계단 끝에 보이는 환한 열람실. 미켈란젤로의 의도가 그대로 재현되어 있다.

좁은 계단을 통해 책으로 가득한 넓은 열람실로 들어가는 순간은 정말 특별하다. 계단이 바닥에 있으니, 계단을 밟고 올라서면서 새로운 세계로 들어서는 느낌이 든다. 무대 아래에서 전동장치를 이용해 무대 중앙에 올라서는 것 같다. 천장이 높고, 원통형 벽이 그만큼 넓어서 광활하면서도 안정된 느낌을 준다.

둥근 원형홀을 로툰다홀이라고 한다. 원통벽을 따라 책으로 채워진 3층의 갤러리가 있고, 그 위쪽 벽에는 석회를 두껍게 발라 울퉁불퉁한 부조를 만들었다. 구름처럼 느껴지기도 하는데, 빛을 산란시키는 간접 조명의 역할도 담은 것이라고 한다. 그리고 천장 아래 자연채광을 위한 넓은 창을 둘렀다. 하늘을 실내로 끌어들이기 위해 애를 쓴 것이다. 전체적으로 스베아베겐 거리에서부터 로툰다홀까지 이어진 공간은 복잡한 일상에서 벗어나 지식의 전당으로, 진리의 세계로 들어가는 것을 나타내고 있다.

건축가 아스플룬드는 이 도서관 설계를 위해 미국 뉴욕과 보스턴

북유럽 도서관을 대표하는 **스톡홀름시립도서관 중앙관**. ⓒ윤송현

스톡홀름시립도서관 로툰다홀. ⓒ윤송현

에 있는 도서관을 둘러보았다고 하는데, 미국에 가기 위해서는 런던을 거칠 수밖에 없었을 것이고, 런던에서는 대영도서관을 둘러보았을 것이다. 원형홀과 서가가 런던 대영도서관 중앙홀을 꼭 빼닮았다.* 서가뿐 아니라 위쪽에 넓은 창을 내어 자연채광을 하고 있는 점도 그렇다. 뒤에 나는 로마를 여행한 적이 있었는데, 판테온을 보고 스톡홀름시립도서관 원형홀이 떠올라 깜짝 놀랐다. 거대한 원형 건

＊ 새롭게 지어진 대영도서관이 아니라, 예전에 대영박물관과 함께 있었던 대영도서관 중앙홀을 말한다.

물, 자연채광을 위해 천장에 만든 구멍이 2000년의 세월을 넘어 이어지고 있는 느낌이었다. 다시 알아보니 로툰다홀 바닥을 장식한 대리석 무늬는 판테온의 무늬를 따른 것이라는 기록이 있었다.

갤러리는 3개 층으로 되어 있고, 사이에 숨겨진 계단과 통로가 있다. 3개 층의 서가가 연결되어 있어 자연스럽게 오르내리며 서가 전체를 둘러볼 수 있다. 로툰다홀을 둘러싼 갤러리에는 총 4만 권의 책이 꽂혀 있다고 한다. 중간에 영어 책도 있지만 스웨덴어가 대부분이라, 무슨 내용의 책인지 알아보기는 어렵다. 그저 책으로 둘러싸인 공간을 유영하는 느낌만으로도 황홀했다.

평등과 민주주의를 구현하는 도서관

1928년 스톡홀름시립도서관 개관은 스웨덴 도서관사에서 매우 큰 의미를 가진다. 50여 년간 쌓아온 민중도서관의 경험을 딛고, 본격적인 공공도서관의 시대로 접어든 것이다.

1930년에는 새로운 법이 만들어져서 공공도서관에 대한 정부 지원이 크게 늘어났다. 공공도서관 건립, 운영에 대한 예산까지 정부 지원이 확대되어 자치단체의 공공도서관 건립이 크게 늘어났고, 그런 흐름 속에서 수많은 민중도서관이 공공도서관으로 전환되었다. 기존

자치단체에 공공도서관이 없는 경우에는 민중도서관을 중심으로 공공도서관이 만들어졌고, 스톡홀름처럼 기존 자치단체 공공도서관이 만들어져 있던 곳에서는 분관으로 만들어져 공공도서관으로 편입되었다.*

1930년대는 북유럽, 특히 스웨덴에서는 정치적으로 매우 중요한 시기였다. 1928년 사민당은 선거에서 패하여 보수 세력에게 정권을 내주어야 했다. 정권을 내준 사민당 당수 한손은 의회 연설에서 사민당의 정치적 목표로 '국민의 집'을 주창하였다. 국가는 곧 '국민의 집'이고, '국민의 집'에서는 누구도 차별받지 않는다는 계급 포용적인 정치적 지향을 밝힌 것이다. 생산시설 사회화 등 사회민주당의 전통적인 계급 대결적인 정책을 포기하고, 계급 포용적인 정책으로 당을 정비하였다. 그리고 이어진 1932년 선거에서 사민당은 다시 집권하였다. 이후 사민당은 공공투자를 확대하는 등 적극적인 경제정책으로 대공황의 위기를 극복하였고, 보편적 복지정책을 일관되게 추진하여 1976년까지 44년간 계속하여 집권을 이어갈 수 있었다. 이 기간에 스웨덴이 복지국가로 탈바꿈한 것이다.

제2차 세계대전 이후 대부분 자치단체에 공공도서관이 만들어졌

---

* Magnus Torstensson, *From Volunteers to Professionals: The Origin and Development of Public Librarianship in Sweden during the 20th Century*, Swedish School of Library and Information Science University of Borås, Borås, Sweden.

다. 전후 복구기에 스웨덴은 경제가 급성장했고, 사회복지제도가 충실하게 갖춰졌다. 도시화가 빠르게 진행되면서 농촌 인구가 줄어들고, 그에 맞춰 자치단체 통합이 진행되어 자치단체의 수는 빠르게 줄어들었다. 공공도서관은 본관과 분관의 체제로 전환하면서 기본적인 틀을 유지해나갔다.

1950년대부터 1970년대 사이가 도서관 활동이 가장 활발한 시기였다. 이 기간에 도서관 장서 수는 4배가 늘었고, 도서관 직원 인건비는 6배, 전체 도서관 운영비는 7배가 늘어났다.

1968년 젊은 올로프 팔메가 총리로 지명되었다. 팔메는 대화와 타협을 중시하던 에를란데르와 달리 원칙과 가치를 앞세우고 논쟁을 주도하며 복지정책을 한 단계 끌어올리기 위해 노력했다. 모든 정책에서 평등과 민주주의를 더 강조했다. 교육개혁을 완성하고, 복지 혜택을 강화했다.

도서관에서도 새로운 논의가 이루어졌다. 공공도서관이 기본적인 장서 서비스를 제공하는 수준에 머무르는 것으로 만족하지 않았다. 사회 구성원들이 정치적·사회적·문화적 발전을 위해 필요한 지식을 얻고 문화적 경험을 할 수 있게 하는 것은 민주주의의 문제로 강조되었다. 1968년 새로운 문화정책 수립을 위한 위원회가 구성되었다. 새로운 문화정책의 핵심 요소 중 하나는 문화정책이 사회의 평등을 증진하는 역할을 해야 한다는 것이었다.

1980년에는 공공도서관과 관련한 위원회가 만들어졌다. 두 번에 걸친 위원회 활동 결과로 제출된 보고서에서는 두 가지가 강조되었다. 우선 도서관이 시민들의 평등한 정보 접근권을 구현해야 한다는 것과 적극적인 아웃리치 활동과 시민참여 프로그램을 확대해야 한다는 것이다. 도서관 서비스가 도서관을 이용하기 어려운 사람들에게 확대되어야 한다는 것이 특히 강조되었다. 장애나 질병 등으로 인해 도서관을 이용하기 어려운 사람들에 대한 방문 서비스를 제공하고, 장애인을 위한 시청각 자료를 갖추는 일이 추진되었다. 도서관 서비스를 이용하기 어려운 사각지대를 해소하기 위해 찾아가는 이동도서관이 대폭 확대되었다. 바쁜 직장 생활로 인해 도서관을 이용하기 어려운 사람들을 위해 대형 사업장에 직장도서관을 만드는 것도 정책적으로 추진되었다.

1980년대부터 지방자치단체마다 오래된 도서관을 새로 짓기 시작했다. 이 시기에 대부분 지자체들이 도서관을 도심으로 옮겼고, 도서관을 시민들 만남의 장소, 대화와 토론의 장으로 만들어놓았다.

7장

핀란드
후발 국가에서
도서관 선진국으로

비행기 창밖으로 드넓은 타이가숲이 펼쳐지더니, 등골처럼 뚜렷하게 솟구쳐 뻗어 있는 우랄산맥이 보인다. 이제 아시아를 벗어나 유럽에 들어서고 있는 것이다. 모스크바 북쪽 상공을 지난 비행기가 남쪽으로 기수를 돌릴 즈음 숲과 호수의 나라 핀란드에 접어든다. 인천공항을 떠난 지 7시간 남짓, 비행기가 헬싱키 반타공항 활주로에 착륙한다.

핀란드는 그렇게 가까운 나라지만, 우리에게 알려지기 시작한 것은 얼마 되지 않는다. 영화를 좋아하는 사람은 〈카모메 식당〉을 기억하고, 젊은 사람들은 무민이 그려진 다양한 팬시용품을 지니고 다닌다. 헬싱키 앞바다는 〈카모메 식당〉에 나오는 부둣가 이미지 그대로다. 달려들어 부서지는 파도도 없고, 끼룩대는 갈매기도 많지 않아 쓸쓸함이 묻어난다.

우리나라에서 핀란드에 대한 관심이 일어난 것은 2000년도에 실시한 PISA 때문이었다. 핀란드가 우리나라를 제치고 1위를 하였다. 3년 뒤에도 같은 결과가 나왔다. 교육계에서 핀란드는 교육개혁 모델로 떠올랐고, 이후 핀란드 교육계에서 고개를 내저을 만큼 수많은 연수단이 핀란드를 찾았다. "매번 똑같은 질문, 똑같은 이야기, 너희는 돌아가서 공유도 안 하냐?"

핀란드는 유럽에서 가장 외진 변방에 있는 시골 동네쯤이라 화려하지도 않고 오래된 문화유적도 많지 않아 대단한 구경거리는 없다. 헬싱키 시내에서는 거대한 바위를 깎아 만든 암석교회, 시벨리우스

공원, 그리고 흰색 대리석 건물이 돋보이는 헬싱키대성당과 러시아 정교회인 우스펜스키사원 등이 손꼽히는 관광명소다.

민족 정체성 찾기와 도서관 운동

우스펜스키사원은 러시아의 지배를 받았던 역사를 말해준다. 오래도록 스웨덴의 지배를 받아온 핀란드는 1809년부터 러시아의 지배를 받았다. 그래도 러시아의 공국이 되어 자체적으로 의원을 뽑아 의회를 구성하고 자치를 인정받았다. 러시아 정교회는 핀란드에 주둔하던 군인을 비롯한 러시아인들을 위한 종교시설이었다.

1850년대에 스웨덴과 러시아 사이에서 핀란드의 정체성을 찾으려는 민족주의 운동이 싹텄다. 페노만운동이다. 핀란드인의 전통을 찾고, 핀란드어를 공인받기 위한 문화운동이 활발해졌다. 당시 상류층은 모두 스웨덴어를 사용하고 있었다. 산업화가 시작되면서 유럽대륙과 경제적인 교역과 문화적인 교류가 많아졌다.

1870년대 이후에는 미국의 문물이 다양한 경로를 통해 소개되었는데, 학교와 도서관에 대한 신문의 보도가 많았다. 각 지역에서 작은 형태의 도서관이 많이 만들어졌다. 스웨덴에서는 도서관 운동을 주도한 것이 노동조합과 금주운동 조직이었는데, 핀란드에서 도서관

헬싱키 리카르딩카투도서관 전경. 1882년 북유럽에서 처음 도서관 건물로 건축되었다. ⓒ윤송현

운동을 주도한 것은 페노만운동이 조직한 민중교육협회The Society for popular education였다. 민중교육협회는 핀란드 문학을 통해 민중들에게 핀란드어를 보급하고, 민족의식을 심어주기 위해 도서관 운동을 지속적으로 전개해나갔다.

헬싱키 시내 구도심 중심가에 에스플라나데 공원이 있다. 구도심을 따라 예쁘게 만들어진 공원에서 많은 행사가 열린다. 도서관에 관심이 있는 사람이라면 공원 부근에 있는 리카르딩카투도서관에 들러보길 권한다. 1882년에 북유럽에서 처음으로 세워진 도서관 건물이다. 밖에서 볼 때는 인접한 건물들과 구분이 되지 않는데, 안으로 들어가면 1800년대 후반 고전적인 느낌이 물씬 풍기는 도서관 공간을 만날 수 있다. 특히 중앙홀이 인상적인데, 4개 층을 연결하는 나선형 계단을 오르내리며 구석구석에 숨겨진 책 공간을 발견할 수 있다. 북유럽에서도 가장 외진 핀란드 헬싱키에 도서관 건물이 처음으로 세워졌다는 것만으로도 민족 정체성을 찾으려는 핀란드 사람들의 열망을 느낄 수 있다.

헬싱키 북쪽 서민들의 주택 지구 안에 있는 칼리오도서관도 1911년에 처음 개관한 유서 깊은 도서관이다. 헬싱키시에서 자금을 지원하여 개관한 도서관인데, 스웨덴에서는 민중교육지원법이 만들어지기도 전에 세워졌다. 아르누보식의 고색창연한 건물 안에는 시대를 뛰어넘는 초현대식 미래형 공간이 자리 잡고 있다.

핀란드는 1917년 독립 이후 제2차 세계대전의 후유증을 이겨낸 1950년대까지 매우 고통스러운 민족 수난 시대를 겪었다. 독립 이후 좌우파의 대립으로 내전을 치렀고 민족적인 트라우마를 갖게 되었다. 내전의 상처를 채 치유하기도 전에 소련에게 영토의 10분의 1을 빼앗겼다. 스탈린이 히틀러와 불가침조약을 체결하고는 발트해 국가들을 공격하였던 것이다. 뒤에 독일이 불가침조약을 깨고 소련을 공격할 때, 빼앗긴 땅을 되찾기 위해 독일 편에 서서 소련을 공격하였다. 그 결과는 히틀러에 협조했다는 불명예와 패전국의 멍에였다. 소련에 막대한 전쟁배상금을 지불해야 했고, 내부적으로는 소련에 점령당한 땅에서 건너온 수많은 피난민과 상이군인, 전쟁고아로 어려움을 겪었다. 이 기간에 전혀 경제적 여유가 없었기 때문에 도서관 계획들은 오래도록 서랍 속에서 잠자고 있어야 했다.

독립 이후 핀란드 정국을 주도한 세력은 농민연합이 중심이 된 중도연합이었다. 농민연합은 1960년대에 들어 도서관 확대와 복지정책 도입에 대해 긍정적으로 선회하였다. 이웃한 스웨덴의 발전상이 보여준 긍정적인 영향, 소련에 대한 경계심이 같이 작용하였다. 스웨덴에서는 사민당이 주도하여 도서관을 확대하고 교육 개혁을 추진하였는데, 핀란드에서는 그 역할을 농민연합이 담당하였다.

1961년 도서관법을 개정하고 국가가 주도적으로 도서관 확대에 나섰다. 다른 유럽 국가들에 비해서 늦게 출발했지만, 도서관을 담당하는 교육문화부에서 주도하여 지방자치단체에서 공공도서관을 설립하여 운영할 것을 독려하였다. 도서관 건립과 운영을 위해 국비 지원을 확대하였고, 광역자치단체에는 기초자치단체의 도서관 정책을 점검하는 감독관까지 두었다. 1990년대에는 이미 도서관 건물과 시설, 도서관 간의 네트워크, 도서관 서비스 등에서 가장 앞서가는 모습을 보였다.

그리고 그 결과 핀란드는 각종 지표에서 세계에서 가장 책을 많이 읽는 나라로 꼽혔고, 2000년에 실시된 PISA에서 1위에 이름을 올려 세계를 놀라게 한 것이다. PISA 성적을 설명하는 핀란드 교육문화부의 자료에는 공공도서관이 빠지지 않고 등장하는 까닭이다.

공공도서관이 가장 발달한 나라

핀란드의 인구는 약 540만 명이고, 면적은 34만 제곱킬로미터로 남한의 약 3.3배에 달해서 인구밀도는 제곱킬로미터당 18명에 불과하다. 인구밀도가 낮기 때문에 주민들을 대상으로 행정서비스를 하기가 그만큼 어렵다. 2019년 기준으로 310개의 자치단체가 있는데, 그중 인구가 가장 적은 루한카Luhanka는 주민이 690명뿐이다.

루한카처럼 작은 자치단체를 제외하고는 대부분 자치단체들이 도서관을 운영하고 있다. 기초자치단체별로 운영되는 메인 도서관은 모두 282개 관이 있고, 분관은 436개 관이 있다. 각 지역에서 모두 135대의 이동도서관을 운영하고 있다. 도시화에 따라 시골 주민들이 줄어들어 자치단체가 통합되면서 공공도서관 수는 줄었지만, 종합적인 도서관 서비스를 제공하기 위해 도서관 규모는 더 커지고 있다. 새로운 도서관들은 대부분 새로 형성된 도시 중심에 세워졌다.

공공도서관 운영은 기초자치단체의 책임이다. 모든 서비스는 무료로 제공되며, 도서관 운영 예산은 국가의 보조를 받아 기초자치단체가 편성한다. 2019년에 핀란드에서 연간 공공도서관 운영에 쓰인 예산은 국민 1인당 60유로다. 1유로를 1350원으로 계산하면 8만 4000원이다. 자치단체 예산에서 도서관 예산이 차지하는 비율은 전

2019년 우리나라 자치단체별 도서관 예산 비교

	청주	수원	부천	전주	김해	파주
전체 인구 ①	839,566	1,194,465	829,996	654,394	542,455	454,040
일반예산 ② (단위:백만 원)	2,543,775	2,592,791	1,640,840	1,929,305,	1,502,222	1,379,268,
도서관 전체 예산③ (단위:천 원)	17,061,524	21,853,360	16,565,643	11,737,232	9,294,440	13,729,842
도서관 예산 비율 ③/②	0.67	0.84	1.01	0.61	0.62	1.00
1인당 도서관 예산 ③/①	20,322	18,296	19,959	17,936	17,134	30,239

(일반예산은 지자체 2019년 최종예산, 도서관 예산은 국가도서관통계시스템 자료)

연도별 핀란드 주요 도서관 통계

	2001	2004	2007	2010	2013	2016	2019
장서수/주민수	7.86	7.9	7.71	7.45	7.07	6.53	6.19
도서관 방문자수/주민수	12.52	12.84	10.91	9.89	9.5	8.99	9.79
대출자수/주민 100명당	46.88	45.87	41.9	39.24	37.8	36.31	36.4
대출수 / 주민수	20.07	21.13	19.21	18.08	17.17	16.02	15.66

(자료 : 핀란드 도서관 통계시스템)

국적으로 평균 1퍼센트대를 유지한다.

이런 수치는 우리나라와 비교해보면 실감이 난다. 2019년 우리나라에서 비교적 도서관 정책에 관심을 쏟고 있다고 평가되는 자치단체의 예산을 살펴보면 앞의 표와 같다. 내가 살고 있는 청주시는 1인당 도서관 예산이 2만 322원이다. 자치단체 예산에서 도서관 예산이 차지하는 비율은 0.6퍼센트를 맴도는 정도다.

핀란드 사람들은 도서관을 많이 이용하는 것으로 유명하다. 2019년에 핀란드 사람들은 한 사람당 평균 9.8회 도서관을 방문하였고, 15.7권을 대출하였다. 주민 100명당 36명이 도서관에서 대출을 이용하였다. 이런 수치는 인접한 북유럽 국가들보다도 매우 높은 수치다.

2000년대 초반 일본에서도 북유럽 도서관에 대한 관심이 많았다. 1970년대 건립된 공공도서관의 재건축 시기를 맞아 북유럽 도서관을 벤치마킹하려는 시도가 많았던 것이다. 2008년에 핀란드 도서관을 둘러본 일본 도서관계 인사는 특별히 핀란드 도서관이 디지털 리터러시 확대를 위해 많은 노력을 하는 점을 높이 평가하였다.*

"도서관 1관당 단말기가 많다는 것과 또 이용이 활발한 정도는 도저히 일본과는 비교가 되지 않는다. 오늘날 정보 사회를 이끌어가는 힘을 기르는 데는 이렇게 단말기를 많이 갖추고, 이용을 촉진하고, 시민에게 정보 자질을 함양해줄 필요가 있고, 도서관이야말로 그 선두에 선다고 하는 의지를 느끼게 한다."

---

* 西川 馨 編著, 『フィンランドの図書館』 중에서. 니시카와 가오루 박사는 2008년 무렵 일본의 도서관 관계자들을 인솔하여 북유럽의 도서관을 탐방하고, 탐방 기록을 상세하게 정리하여 일본 도서관계에 소개하였다.

그 결과 핀란드는 인터넷 이용률이 매우 높다. 공공서비스는 대부분 인터넷을 통해 이루어지고 있다. 핀란드 정부 발표에 따르면 핀란드 국민 중 16세부터 44세까지는 100퍼센트, 45세~54세는 98퍼센트, 55세~64세는 96퍼센트가 인터넷을 이용하고 있다고 한다. 핀란드는 국토가 넓고 인구가 적다. 도시화가 진행되었다고 해도 여전히 전국에 걸쳐 작은 소도시, 소부락이 산재해 있다. 때문에 인터넷망을 깔기가 쉽지 않고, 인터넷망이 보급되어 있어도 빠르지 않다. 그렇지만 그것이 문제가 되지 않는다. 지역에 있는 도서관에서 컴퓨터 설비를 갖추어 놓고 주민들에게 디지털 리터러시 교육을 충실하게 한다. 시대 흐름에 적응하기 어려운 성인들, 시니어들을 대상으로 지속적으로 컴퓨터 교육, 인터넷 교육을 실시한다. 주민들이 대부분 디지털 리터러시 교육이 잘되어 있기 때문에 인터넷 속도는 느리더라도 생활 속에서 인터넷 활용을 많이 하고 있는 것이다.

핀란드의 새로운 명물, 오디도서관

2018년 12월 헬싱키 중심지에 세계 문화계의 이목을 집중시킨 새로운 명소가 탄생했다. 앞에서 보면 날렵한 모습이 거대한 배를 연상시키고, 옆에서 바라보면 거대한 크루즈선이 금방이라도 발트해로 나아갈 것 같다. 이 세상에 없었던 새로운 디자인의 건물은 헬싱키중앙도서관 오디Oodi이다.

오디는 핀란드 독립 100주년을 기념하는 핵심적인 사업이다. 독립 100주년을 맞아 핀란드는 도서관이라는 큰 배를 타고 미래로 나아갈 것이고, 앞으로의 핀란드는 도서관에서 꽃피운 지식산업의 기반 위에 만들어나간다는 것을 선언하는 듯하다.

헬싱키에 새로운 중앙도서관을 만들어야 한다는 논의는 10여 년 전에 시작되었다. 도서관이 부족한 것은 아니었다. 인구 50만이 조금 넘는 헬싱키에는 중앙도서관을 포함하여 37개 공공도서관이 있다. 헬싱키중앙도서관인 파실라도서관도 지은 지 30년이 채 안 됐고, 제 역할을 충실하게 수행하고 있었다. 그런데 왜 새로운 중앙도서관 건설 논의가 나온 것일까?

IT의 발달과 미디어 환경의 변화에 적극적으로 대응해야 한다는 문제의식이 강했다. 새로운 환경에 맞는 새로운 도서관 서비스를 개발하고, 시민들에게 제공하려는 혁신의 의지가 강했다. 헬싱키는 먼저 중앙역 앞에 '라이브러리10'을 만들어 실험을 하였다. 라이브러리10은 비록 넓지 않은 공간이었지만, 첨단 디지털 장비와 음악 설비를 갖추고, 새로운 도서관 서비스를 시도하여 청년들에게 폭발적인 인기를 끌었다.

정보통신의 발달로 미디어가 바뀌고, 정보 접근과 이용 방식이 바꾸고, 사람들의 소통 방식이 바뀌는 것을 보고, 헬싱키는 도서관을 바꿔야 한다고 생각했다. 이제 도서관은 더 이상 책을 보관하고 대출해주는 곳에 머물러서는 안 된다. 도서관은 자료들을 정리하고 수집하고 제공하는 기능을 기본으로 하면서도 사람들이 정보와 자료를 이용해 새로운 창조를 하기 위해 만나고 토론하고 영감을 얻고 현실로 구현하는 곳이 되어야 한다. 오디 건축에 참여한 안티 노우스요키는 "오디는 실내에 있는 시민광장으로, 시민들이 단순히 소비자가 아니라 그들이 원하는 것을 적극적으로 할 수 있는 자유로운 공간으로 디자인되었다"고 설명하였다.

총 1억 유로가 넘는 거대한 투자사업이었지만, 사회적으로나 정치적으로나 큰 논란이나 반대는 없었다. 2015년 헬싱키 의회에서 새로운 중앙도서관 건설 사업이 표결에 부쳐졌을 때 결과는 75 대 8로 절대적인 찬성이었다. 이후 오디도서관은 건설 단계에서부터 핀란드 도서관계의 핫뉴스가 되고, 사서들의 자부심이 되었다. 사서들뿐 아니라 수많은 핀란드 시민들은 오디도서관을 독립 100주년을 기념하는 가장 멋지고 의미있는 선물로 받아들였다.

2008년 세계가 미국발 금융 위기로 홍역을 치렀을 때, 대부분 유럽 국가들은 도서관 예산을 삭감하였다. 영국은 2010년 이후 도서관 예산을 지속적으로 삭감하였는데, 도서관 예산에서 2015년에는 5000만 유로, 2016년에는 2500만 유로를 줄였다. 이에 따라 2010

헬싱키의 새로운 명물이 된 중앙도서관 오디 전경. ⓒ윤송현

년부터 2016년까지 영국에서 모두 478개 도서관이 문을 닫았다. 그렇지만 핀란드는 그런 주변 국가의 흐름에 휩쓸리지 않고, 도서관에 대한 예산을 유지하였고, 오히려 1억 유로를 투자하여 새로운 도서관을 만든 것이다.

오디의 가장 놀라운 점은 그것이 바로 핀란드의 중심, 헬싱키의 중심에 세워졌다는 것이다. 오디는 핀란드 의회가 있고, 북유럽을 대표하는 공연장인 핀란디아가 있고, 국립박물관이 있는 곳 한가운데에 있다. 핀란드 어디서나 연결되는 헬싱키 중앙역이 옆에 있고, 가장 번화한 중심 상가도 옆에 있다. 교통의 요지, 문화의 중심, 정치와 행정의 중심에 중앙도서관을 만든 것이다. 오디도서관 3층에 있는 테라스에 서면 광장 건너편에 의회 건물이 같은 눈높이로 보인다. 이 나라 사람들이 도서관을 어떻게 생각하는지 느낄 수 있다.

미래의 도서관은 어떻게 바뀌어야 하나

오디 안으로 들어가보자. 1층은 만남의 공간을 표방하고 있다. 주출입구부터 카페의 좌석들이 안팎을 차지하고 있고 커피와 빵 굽는 냄새가 사람들을 유혹한다. 곳곳에 사람들을 기다리거나 대화를 할 수 있는 공간이 꾸며져 있다. 안쪽으로는 공연과 영화 상영이 가능한 극장도 있다. 도시의 가장 중심이 되는 곳에 막대한 예산을 투입해서 짓는 시설인데, 1층을 그저 평범한 만남의 공간으로 만들어놓았다. 처음에는 수긍이 잘 안 갔다. 무언가 대단하고 웅장한 것이 있어야 할 듯한데, 사람들만 북적댄다. 도서관에 사람들이 시장처럼 많다니.

2층에 올라가면 더 파격이다. 넓은 홀에 서가는 보이지 않고, 작업대가 줄지어 있다. 컴퓨터 모니터가 놓여 있고, 3D 프린터가 놓여 있다. 재봉틀로 무엇인가 만드는 사람들도 많이 보이고, 광고지를 프린트하는 대형 출력기 앞에 줄을 서 있는 사람들도 보인다. 더 돌아보면 유리벽 안에서 청년들이 두꺼운 VR 안경을 쓰고 가상현실 체험을 하는 곳도 있고, 여러 명이 마이크를 잡고 노래를 부르는 곳도 있다. 악

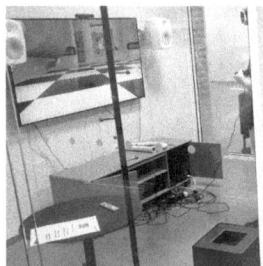

오디 2층 모습. 개방된 공간에 재봉틀과 디자인을 하는 사람들이 많다(위). 게임룸에서 같이 놀고 있는 청소년들(아래). ⓒ윤송현

오디도서관 3층. 이제 책은 도서관의 일부일 뿐이다. ⓒ윤송현

기들을 갖춘 연주실도 있고, 녹음실도 있다. 건물 2층이 온통 무엇인가를 만들어내는 공간이다. 건물 안내에는 메이커스페이스라고 소개되어 있다. 영감을 얻고, 무엇인가를 만드는 공간인 것이다.

　3층에 올라가면 또 다른 신세계가 펼쳐진다. 보통 도서관처럼 책이 있는 공간이지만, 공간이 주는 느낌이 전혀 다르다. 높은 천장 아래 하나로 트여 있고, 사방은 통유리로 되어 있다. 울퉁불퉁한 천장에 뚫어놓은 창을 바라보고 있으면 지구가 아닌 다른 행성에 와 있는 듯한 느낌도 든다. 서가는 4단으로 성인의 눈높이를 넘지 않고, 빼곡하지도 않다. 전체 장서는 10만 권 정도인데, 앞으로 더 늘리지 않을 계획이라고 한다. 열람실 중앙에는 커피를 주문할 수 있는 작은 카페도 있어 커피 향기가 은은하게 퍼져 있다. 책을 위주로 하는 공간이 아니다. 서가에서 슬쩍 책을 빼어 들고 어딘가에 앉아 있고 싶게 만든다. 어린이 코너에는 아기들이 카펫 위를 기어 다니며 놀고 있고, 부모들은 아기들 옆에 둘러앉아 이야기를 나누고 있다. 통유리 너머로 헬싱키 하늘이 그대로 연결된다. 거대한 우주선을 타고 공중에 떠 있는 느낌도 든다.

　오디도서관은 "현대의 도서관은 책이 아니라, 사람을 위한 곳"이라는 메시지를 핀란드의 디자인 역량으로 구현해놓은 공간이다. 이런 감각이 바로 디자인을 사회적 디자인의 영역으로 확장시킨 핀란드의 힘이다. 오디는 곧 헬싱키의 새로운 명소가 되었다. 도서관을 사랑하는 사람은 물론, 헬싱키를 관광하는 단체 관광객들까지 줄지어 오디를 찾는다. 2019년에는 국제도서관협회IFLA에서 까다롭게 선정하는 올해의 도서관으로 뽑히기도 했다.

오디는 당분간 새로운 도서관의 모델로 세계의 관심을 모을 것이고, 헬싱키는 물론 핀란드의 문화적 자부심이 될 것이다.

호수에 둘러싸인 탐페레에 가다

하얀 자작나무 숲 사이로 기차가 달린다. 창밖으로 때로 가깝게, 때로 멀리 호수가 보일 때마다 자연스럽게 카메라 셔터가 눌러진다. 헬싱키 중앙역을 출발한 인터시티 열차가 2시간쯤 달려 도착한 곳은 탐페레Tampere. 자작나무 숲과 호수에 둘러싸인 도시이다. 핀란드에서는 세 번째로 큰 도시이고, 내륙에서는 가장 큰 도시이다. 예전에는 숲에서 채취한 임산물들을 거래하고, 자작나무 목재를 거래하는 집산지였다고 한다.

이 도시는 호수에서 시작됐다. 두 개의 커다란 호수가 가깝게 있는데, 두 호수의 수위가 18미터나 차이가 난다. 자연히 두 호수를 연결하는 물길은 급류를 이루었고, 사람들은 급류를 이용하기 위해 제방 주변으로 모여들었다. 물길에 탐메르코스키라는 이름이 붙었고, 물

탐페레의 근원이 된 탐메르코스키 수로와 댐. ⓒ윤송현

길 옆에 방앗간이 생겼고, 시장이 만들어졌다. 그렇게 마을이 만들어지고, 급류의 이름을 따서 마을 이름도 탐페레가 되었다.

기록에는 15세기에 처음 방앗간을 위한 댐이 만들어졌다고 한다. 그 이후 급류의 에너지를 이용하려는 시도들이 계속 이어졌는데, 전기가 발명된 뒤에는 손쉽게 수력발전소가 만들어졌다. 1킬로미터가 조금 넘는 이 물길에는 댐 세 곳과 발전 시설 네 곳이 들어섰다. 전기가 만들어지면서 물길 주변으로 공장들이 들어섰고, 이내 핀란드 산업의 중심지가 되었다. 공장들이 생기면서 탐페레에는 노동자들이 몰려들었고, 그 속에서 자연스럽게 새로운 세상에 대한 갈망들이 꿈틀거렸다. 꿈틀거림은 이야기가 되었다.

　호수를 연결하는 탐메르코스키 제방 왼편에 있는 핀레이손은 한때 3000여 명을 고용했던 북유럽 최대의 방직공장이었다. 발전소 오른편에 있는 건물들은 1840년대에는 유채 기름을 짜는 공장이었고, 뒤에는 공장 설비, 열차를 만들던 공장이었다. 그렇게 거대한 공장 지대를 이루었던 곳이 1970년대 오일쇼크를 겪으면서 무너지기 시작했다. 오일쇼크로 무역이 침체되면서 공장 가동이 타격을 받기 시작하더니, 이어서 아시아 신흥 국가들이 등장하면서 경쟁력을 완전히 잃게 되었다. 결국 제방 부근에 번창했던 제사, 방적 공장들은 문을 닫게 되었다. 수많은 노동자들은 일터를 잃게 되었다. 오래도록 주민들의 삶을 지탱해주었던 터전들이 사라져버린 것이다.

　그러나 이 도시는 그대로 주저앉지 않았다. 공장을 나선 사람들은 새로운 기술을 습득하기 위해 노력했고, 산업은 급속하게 정보통신, 문화산업으로 재편되었다. 실업에 대한 지원, 기술 교육과 구직 지원 등 정부의 노력도 있었지만, 시민들의 수용 능력이 흐름을 자연스럽게 만들었다. 도서관을 중심으로 진행된 성인 학습과 독서 습관으로 쌓인 시민들의 문화 역량, 새로운 기술에 대한 흡수 능력 등이 큰 뒷받침이 되었다.

　방치되어 있던 제방 근처의 공장들도 2000년대 들어서는 새롭게 변신을 했다. 핀레이손 방적공장은 문화공간, 복합영화관으로 탈바꿈했다. 열차 설비를 만들던 공장은 종합문화전시관인 바프리키 Vapriikki 전시관으로 다시 태어났다. 주위의 다른 공장들도 전시관, 아트리움, 아트팩토리로 변신했다. 탐메르코스키 제방은 이제 공장 지대가 아닌 문화 창조 지대가 되어 있고, 탐페레는 산업도시에서 문화도시로 탈바꿈했다.

도서관을 많이 이용하는 도시

탐페레는 핀란드에서도 책을 가장 많이 읽는 도시로 꼽힌다. 탐페레 시민의 도서관 이용 통계를 살펴보자. 탐페레 인구는 2019년에 235,239명이다. 탐페레시에는 중앙도서관과 14개의 분관이 있다. 중앙도서관에서는 1대의 이동도서관이 145곳을 방문하여 도서 대출 서비스를 제공하고 있다.

2019년 15개 탐페레시립도서관에서 대출된 것은 모두 4,869,149점이다. 점이라고 한 것은 도서관에서 책만 대출하는 것이 아니기 때문이다. CD도 있고, 비디오테이프도 있다. 1인당 20.7점을 대출했다. 책 대출은 3,692,688권이다. 1년에 1인당 15.7권의 책을 대출한 것이다.

1년간 도서관에서 책을 대출한 사람은 94,946명으로, 시민 100명

2019년 주요 도시 도서관 대출 현황 비교

	탐페레	수원	부천	청주	전주	김해
전체 인구	235,239	1,194,465	829,996	839,566	654,394	542,455
대출자수	94,946	410,499	374,619	130,435	78,710	72,820
대출권수	3,692,688	3,077,993	1,949,458	1,413,851	842,617	821,134
대출자 수 / 전체 인구(%)	40.3	34.37	45.14	15.54	12.03	13.42
대출권수 / 전체 인구(수)	15.7	2.58	2.35	1.68	1.29	1.51

(탐페레시 핀란드 도서관 통계, 한국 국가도서관통계시스템 자료, 단위 명, %)

중 40명이 도서관을 이용했다. 시민들은 다양한 목적으로 도서관을 방문하는데, 도서관 입구에 설치된 카운터에 찍힌 입장객 수를 보면, 2019년에는 1인당 12회꼴로 도서관을 방문하였다.

  이런 데이터는 세계에서 가장 높은 수치이다. 유럽의 다른 국가들은 물론 이웃한 스웨덴이나 덴마크 등 북유럽 국가들보다 훨씬 높다. 우리나라와 비교하면 실감이 날 것이다. 우리나라 주요 도시 공공도서관 이용 데이터를 살펴보면 위의 표와 같다. 도서관 이용이 많은 수도권 도시들은 1인당 2권을 조금 넘고, 다른 도시들은 1.5권 정도다.

한발 앞서가는 탐페레도서관

스웨덴에서 불었던 노동도서관 운동은 탐페레로 먼저 전파되었다. 1899년 탐페레에 노동자들에 의해 노동자학원이 만들어졌고, 1925년에 기업가의 기부로 중앙도서관이 만들어졌다. 이후 탐페레도서관은 핀란드 도서관계에서 선구적인 역할을 계속하였다. 1958년 도서관 내에 음악자료실을 만들었다. 북유럽 도서관에는 대부분 CD나 테이프 등 음악 자료를 갖추고 있는데, 이런 문화는 탐페레도서관에서 처음 시작된 것이다. 탐페레중앙도서관은 1958년에 도서관 내에 음악자료실을 만들고, 다양한 음반과 테이프를 갖추고 도서관 이용자들이 책처럼 대출할 수 있게 하였다. 당시로서는 파격적이고 신선한 시도였고, 시민들로부터 큰 호응을 얻었다. 이후 점차 서비스 폭을 확대하여 기타나 우쿨렐레를 비롯한 간단한 악기들을 대출해주기 시작했고, 마침내 도서관 안에 직접 연주를 할 수 있는 뮤직룸까지 갖추었다.

현재의 도서관은 1986년에 지어진 건물이다. 공모를 통해 설계자가 된 피에틸로 부부Raili and Reima Pietilä는 설계에서부터 인테리어, 가구 디자인까지 마무리하여 건물의 독창성을 최대한 구현하였다. 건물의 콘셉트는 툰드라 지역에 살고 있는 새인 뇌조Metso의 이미지를 형상화한 것으로, 구글맵에서 위성지도로 살펴보면 뇌조의 모습을 뚜렷이 볼 수 있다. 열람실 서가는 뇌조의 날개에 맞춰 배열되었고, 날개 모양의 등이 서가에 달려 있다. 그런 까닭에 탐페레 시민들은 이 도서관을 '멧초'라고 부른다. 중앙홀은 13미터 높이의 돔으로, 천장에는 로마의 판테온과 같이 원형 창을 내어 자연채광을 하면서도 신비로운 분위기를 연출한다.

멧초는 2016년에 리모델링을 하였다. 배관과 배수, 전기가 기본적으로 문제였고, 변화된 환경과 시민들의 욕구를 반영하기 위한 것이었다. 이 멧초의 리모델링 과정과 결과는 역사적인 건물에 새로운 시대적 요구를 반영한 리모델링은 어떻게 진행할 것인가에 대한 모델이 되기도 한다. 건물에 담긴 피에틸로의 구상을 그대로 살리기 위해 구조 변경은 최소한으로 하였다. 건물의 골격은 그대로 유지하였고, 서가는 전체적으로 조금 줄였을 뿐, 날개 모양의 배열을 그대로 살렸다.

1층에는 메인 열람실과 유아들을 위한 코너 외에 10대를 위한 코너를 새로 만들었다. 메인 열람실에서는 2만 5000권의 장서를 빼내 서가를 줄였다. 네트워크로 서비스를 제공하는 현대의 도서관에서는 많은 장서를 끌어안고 있을 필요는 없다. 이용이 안 되는 책들은 과감히 줄이고, 공간을 만들어 책을 읽을 수 있는 공간을 더 만들었다. 서가를 흰색으로 바꿔 전체적으로 밝은 분위기가 되었다.

뇌조를 닮은 탐페레중앙도서관 전경. ⓒ윤송현

　리모델링에서 가장 핵심적인 요소는 사람들이 도서관에 와서 시간을 보낼 수 있는 공간을 만들고, 그렇게 할 수 있는 분위기를 만드는 것이었다. 어린이들이 도서관에서 오래 머물게 게임을 할 수 있는 공간도 만들고, 대여할 수 있는 게임도 많이 비치했다.

　중앙홀과 연결된 2층에는 음악 활동을 위한 공간을 더 확장하였다. 음악 자료는 물론 다양한 악기들을 갖추고, 음악을 공부하거나 직접 연주할 수도 있게 했다. 또 직접 만든 곡을 연주해서 녹음할 수 있는 시설도 갖추고 있다.

　지하층은 다른 쪽에서는 1층에 해당한다. 유모차나 휠체어가 출입할 수 있는 통로이기도 하다. 예전에는 그곳에 핀란드를 대표하는 캐릭터인 무민숍이 있었는데, 리모델링을 하면서 강의실과 모임방으로 바꾸었다. 리모델링에 대한 주민 의견 수렴 과정에서 학습 공간과 모임 공간을 늘려달라는 요구가 많았던 것이었다.

멧초는 피르칸마Pirkanma 라는 광역자치단체의 중심 도서관 역할을 겸한다. 피르칸마는 전체 22개 기초자치단체로 구성되어 있고, 인구는 2020년 9월 기준으로 520,532명이다. 22개 자치단체에 모두 메인 도서관이 있고, 분관도 37개 관이 있다. 이동도서관 버스도 9대가 628개소를 방문하여 서비스를 제공하고 있다. 이 모든 도서관이 피키PIKI라는 인터넷망으로 통합되어 운영된다. 도서 검색을 통해 대출 및 반납이 가능하고, 도서관 프로그램을 공유한다. 그 피키 운영의 중심에 멧초가 있는 것이다.

멧초와 분관들은 지역별로 유치원, 학교와 긴밀하게 협력한다. 학교 방문은 사전에 협의된 계획에 따라 진행하며, 학생들이 책과 친해지도록 다양한 활동을 하고 있다. 학급 단위로 도서관을 방문하기도 하고, 사서들이 학교를 방문해서 독서와 관련한 활동을 하고, 학생들을 과제 수행을 위해 도서관을 이용하도록 한다. 유치원 등 취학 전 시설에서도 어린이들에게 도서관 이용 방법을 알려준다. 또, 2대의 이동도서관이 매주 26개 학교와 65개 어린이집을 방문한다. 학교에서도 교사가 어린이들을 데리고 도서관을 찾아가고, 북토크, 스토리텔링, 인형극, 도서관 사용 방법, 정보 검색 학습을 한다.

핀란드 전체가 디지털 정보 접근과 이용을 중요시하고 있고, 국민들의 디지털 리터러시 교육을 위해 적극적인 역할을 하고 있다. 도서관에서 성인들을 대상으로 한 컴퓨터 이용, 인터넷 이용 교육을 많이 실시한다. 분관 두 곳에 컴퓨터 40대를 설치하고, 직원 8명이 무료로 인터넷 리터러시, 컴퓨터 교실 등 기본적인 정보 교육을 제공한다. 특히 네티니세Netti-Nysse라고 이름 붙인 인터넷 버스는 병원, 데이케어, 교육센터, 농촌을 돌며 지역 주민, 특히 디지털 리터러시가 떨어지는 고령자들에게 컴퓨터와 인터넷을 이용하는 기본적인 기술을 강습한다. 주민들과 더 가까운 곳에 있는 분관은 어떻게 운영하는지 살펴보자.

탐페레의 분관, 삼폴란과 리에라흐티도서관

삼폴란도서관은 이민자들과 저소득층이 많이 거주하는 지역에 있다. 성인교육센터와 탐메르코스키고등학교가 있는 복합 건물 1층에 있었다.

도서관 입구에서 처음 만난 것은 책을 싼값에 판매하는 부스였다. 도서관에서 잘 이용되지 않는 책들을 골라내 제적하면서 사람들이 싼값에 사가도록 하는 것이다. 한 권에 0.5유로. 도서관에서 제적을

삼폴란도서관에서 같은 건물에 있는 고등학교 학생들이 개관 축하 공연을 하고 있다. ⓒ윤송현

적극적으로 하기 때문에 잘 고르면 좋은 책을 구할 수 있는 기회가 된다. 우리가 방문했을 때 도서관 열람실 한가운데에서는 학생들이 피아노 반주에 맞춰 노래를 부르고 있었다. 노래 한 곡을 다 듣고 나니, 도서관 개관 기념일에 같은 건물에 있는 고등학교 학생들이 축하 공연을 한 것이라고 알려주었다. 시험 공부나 하고 있을 것으로 생각되는 고등학생들이 도서관에 찾아와서 이벤트를 하는 모습이 낯설었지만, 동네 도서관에서 만나는 훈훈한 분위기가 느껴졌다.

 공연을 위해 서가를 한쪽으로 몰아놓고 있었는데, 밑에 바퀴가 달려 있어 쉽게 밀 수 있는 구조였다. 소장 도서는 6만 5000권 정도인데, 적극적으로 장서를 관리하여 이용되지 않는 책들은 서가에서 빼낸다고 했다. 대출도 적극적이다. 한 번에 100권까지 빌려갈 수 있고,

대출 기간은 28일이다. 다른 사람이 대출 예약을 하지 않으면 다섯 번까지 연장할 수 있다. 그러니 좋은 책은 서가에 꽂혀 있을 틈이 없다. 장서의 순환율도 매우 높다.

평상시 도서관 방문자는 일 평균 1200여 명이라고 했다. 지역에 있는 작은 도서관치고는 이용자가 무척 많은 것이다.

내부는 서가나 가구로 공간이 구분되어 있다. 한쪽에 어린이들을 위한 코너가 있는데, 좁은 공간에도 어린이들에게 책을 읽어주고 공연을 할 수 있는 시설이 집 모양으로 만들어져 있었다. 어떤 상황에서도 어린이들에게 책을 읽어주고, 이야기를 들려주려는 의도가 느껴졌다.

특별히 20여 대 컴퓨터가 설치되어 있는 컴퓨터실이 따로 만들어져 있었다. 컴퓨터교육실에서는 디지털 리터러시 교육으로 인터넷을 일상생활에 활용할 수 있게 하는 다양한 교육도 함께 이루어지고 있다고 했다.

도서관 분관에서는 도서관에 찾아오기 어려운 사람들을 위한 배달 서비스도 하고 있었다. 고령이거나 환자일 경우 도서관에 찾아오기 어렵기 때문에 도서관에서 읽을거리나 자료들을 이용자가 있는 곳으로 가져다주는 것이다.

리에라흐티는 탐페레 서쪽에 있는 신흥 주거지역이다. 백화점을 비롯하여 넓은 주차장에 둘러싸인 대형 쇼핑몰이 많이 있다. 쇼핑몰

규모와 수준이 평범하지 않다.

  그런 쇼핑타운 한 블록에 대형 부동산개발회사인 NCC에서 연면적 1만 5000제곱미터에 달하는 리에라흐티센터를 착공하였다. 처음부터 주고객은 탐페레시였다. 탐페레시가 쇼핑센터 건물을 임대하여 도서관과 건강 관련 사회서비스 센터를 운영할 계획을 세운 것이다. 센터에는 상업 시설도 있는데, 세계적인 의류 브랜드인 H&M도 일찌감치 임대 계약을 맺었다.

  리에라흐티도서관은 2014년에 개관하였다. 헬스케어센터, 어린이건강센터, 노인돌봄센터, 어린이치과서비스센터도 같이 개관하였

리에라흐티도서관에서 학생들이 모여 앉아 프로젝트에 대해 대화를 하고 있다. ⓒ윤송현

다. 지역 내 문화와 쇼핑과 복지의 허브를 만든 것이다. 도서관에 온 사람들이 다른 서비스를 이용할 수도 있고, 다른 서비스를 이용하기 위해 온 사람이 도서관에 들를 수도 있다. 각 기관이 쉽게 협업을 할 수 있는 것도 큰 장점이다. 각 기관이 각자의 목적에 맞추면서도 서로 협력하여 보다 효과적으로, 보다 많은 사람들에게 의미있는 이벤트를 만들어낼 수 있다.

도서관은 전용 면적 1033제곱미터 규모로, 장서 이외에 다양한 첨단 도서관 서비스를 갖추고 있다. 간단한 업무를 처리할 수 있는 어반오피스도 있다. 최신의 컴퓨터 설비를 갖추고, 성인들의 컴퓨터 이용, 인터넷 검색 교육을 무료로 실시하는 티에토토리Tietotori 공간이 있다. 아주 특별하게 디지타이징 및 비디오 편집을 할 수 있는 시설을 갖추고 있다. 이곳에서는 VHS 카세트, LP, 오디오 카세트, 사진 등을 디지털화하는 장비를 갖추고 있고, 비디오 편집을 할 수 있는 설비도 있다.

서라운드 설비로 음악을 감상할 수 있고, 피아노나 전자기타 등 악기 연주가 가능한 음악실이 있다. 음악실에서는 악기를 대여할 수도 있고, 공간도 대여해준다. 음악실은 2시간 사용이 가능하다. 연극, 노래방 사용도 가능하며, 때로 도서관에서 가수를 초청하여 공연을 하기도 한다. 오락실도 있다. 모든 어린이와 어른을 위한 게임 콘솔(Xbox, Will, U 등)은 2시간 사용이 가능하며 기다리는 사람이 없을 때는 자유롭게 사용할 수 있다.

리에라흐티도서관은 개관 1년 후, 방문자 수가 15만 6500여 명, 대출은 14만 8700여 권이 되었다.

삼폴란도서관과 리에라흐티도서관 외에도 12개의 분관이 더 있다. 다른 분관들도 규모는 다 다르지만 모두 지역의 중심에 자리 잡고, 비슷한 모습으로 운영되고 있다.

핀란드는 살펴볼수록 가진 것이 없는 나라다. 북극권에 속해 있어 겨울이 길고, 여름이 짧다. 빙하가 물러나면서 생긴 호수가 많고, 땅에는 자갈이 많고 거칠어 농사에 적합하지 않다. 자작나무 이외에는 내다 팔 자원이 없다. 그래서 땅은 넓지만 인구는 적다. 1917년이 되어서야 처음으로 국가를 만들었고, 독립 후에는 좌우간에 내전을 겪어야 했다. 제2차 세계대전 때는 소련의 침공을 받아 상당한 국토를 잃었다. 그런 핀란드가 지금은 세계에서 가장 혁신적이고 앞서가는 나라가 되어 있다. 지표상 변화 과정만 보면 우리나라와 닮은 점이 참 많다. 핀란드에서 그동안 무슨 일이 있던 것일까?

오래도록 핀란드를 오가며 연구한 강충경 박사는 얼마 전 『핀란드에서 찾은 우리의 미래』를 펴내 핀란드와 우리나라의 유사성을 소개하고, 핀란드가 지금의 복지국가가 된 비결을 자세히 소개하였다. 핀란드의 혁신적인 노력, 융합형 인재를 기르는 교육, 고부담·고복지의 사회, 노사정의 사회적 대타협, 정체성이 뚜렷한 정당과 정치, 성평등, 그리고 환경과 미래를 향한 혁신이 주요한 내용이다. 모두 깊이 새겨 읽어야 할 교훈들이다.

 그런데, 나는 그 모든 것을 가능하게 하는 것은 바로 잘 갖춰진 공공도서관이고, 도서관을 통해 만들어지고 유지되는 독서문화, 높은 리터러시, 시민들의 높은 문화적 역량이라는 것을 강조하여 말하고 싶다.

8장
도서관과 복지국가

아스트리드 린드그렌 이야기부터 해야겠다. 90여 년 전인 1926년 린드그렌은 쫓겨나듯이 고향을 떠나야 했다. 유부남의 아기를 갖게 되었는데, 당시 법은 미혼모에게 조그만 기회도 주지 않았다. 도망치듯 스톡홀름으로 갔지만 그곳에서도 혼자 아이를 낳아 기르기가 어려웠고, 결국 덴마크 코펜하겐에 가서야 아이를 낳았고, 그곳에서 보모에게 오래도록 아이를 맡겨야 했다. 홀로 스톡홀름에서 빠듯한 생활을 하던 린드그렌은 스톡홀름시립도서관을 발견하고 단숨에 찾아가 책을 빌리려 했지만, 도서대출증이 없어 책을 빌릴 수 없었다. 그렇게 기본적인 복지 제도도 갖춰져 있지 않았고, 도서관도 아직 일반에게는 완전히 개방된 것이 아니었다.

그 후 스웨덴은 크게 변화했다. 공공도서관과 성인 교육 기반이 잘 다져졌고, 정치·사회·경제·문화 전반에 걸쳐 꾸준한 변화가 이루어졌다. 1960년대에 들어서는 세계 최고의 복지를 구가하는 수준에 도달했고, 그 이후에도 꾸준히 복지국가 체제를 강화시켜왔다.

도서관 운동에서 시작하다

근대화 과정에서 북유럽 사회운동가, 노동조합 활동가, 계몽운동가 들은 일반 민중의 학습과 계몽에서 운동의 출발점을 찾았다.

덴마크와 핀란드의 젊은 개혁가들은 국가적인 어려움을 극복하기 위한 움직임을 민중학습에서 시작하였다. 민족의식을 일깨우기 위해 그룬투비는 민중의 생활 언어로 민중들의 삶에 필요한 것을 가르치는 민중교육을 주장했고, 그를 따르던 젊은이들은 전국에서 폴케호이스콜레를 만들어 민중교육과 개척 활동에 나섰다. 핀란드에서 페노만운동 지도자들은 핀란드어 문학을 보급하고, 핀란드어를 통해 핀란드인의 계몽과 민족 정체성을 확립하려고 노력하였다. 스웨덴에서는 노동운동 세력과 절제운동, 교회운동 세력이 모두 독서와 학습을 통한 계몽으로 일반 민중의 삶을 개선하려고 노력하였다.

그들은 함께 책을 읽는 공간을 만드는 것부터 시작하였다. 사람들을 모아 독서 모임을 조직하고, 모임에서 읽은 책들을 쌓아두고 돌려 읽으며 민중도서관People's library을 시작하였다. 스웨덴에서 노동자도서관은 중심적으로 활동하는 노동자의 방에 책을 모아놓고 돌려 읽는 형태로 시작한 것이 대부분이었다. 자선가나 후원자를 만나 별도의 공간을 만들 수 있는 곳은 조금 나은 것이었다. 장서는 몇백 권을 넘지 않았다. 전업으로 도서관을 관리하는 사람이 있는 경우도 드물었다. 노동조합 조직이 확산되면서 조합에서 노동도서관을 설치하고 운영하는 형태로 발전하였다.

1900년대 핀란드에는 전국에 도서관이 많이 있었지만, 대부분 자치단체의 도움 없이 소규모로 적은 장서만 갖춘 공간이었다. 별도의 직원이 없이 설치한 장소의 주인이 겸업으로 관리하거나 그 가족이 관리하였다.

도서관 운동이 중요하다는 것을 인식한 활동가들은 도서관과 관련된 매체를 만들어 도서관 보급과 운영 개선에 힘을 쓰고, 지속적으로 자치단체의 보조금 지급을 촉구하였다. 핀란드 민중교육협회의 도서관 운동가인 케밀 레이넨은 1910년에 발간된 도서관 저널에 「도서관은 학교만큼 중요하다」라는 제목으로 원고를 썼다. 도시에 설치되고 있던 급수나 배수 시설과 비교하여 도서관을 먼저 설치할 것을 요구하는 주장도 눈에 띄었다. 이런 인식은 모든 북유럽 도서관 운동가들에게 공통적이었다.

도서관과 민주주의

도서관 운동이 번져나가는 과정은 곧 민주주의 의식이 확산되는 과정이고, 민주주의 기반이 강화되는 과정이었다. 도서관 운동을 지지하고 지원하던 자유주의자 그룹이나 노동운동 그룹들은 신분제 불평등 선거에서도 시민의식의 성장과 함께 점차 의회 의석수를 확대해나갔다.

사람들은 독서와 학습을 통해 다른 사람들의 생각과 경험, 더 넓은 세상의 이야기를 접한다. 자신들의 역사를 접하게 되면서 자신의 정체성을 깨닫고, 민족의식, 연대의식을 갖게 된다. 다른 사람의 생각과 의견을 알게 되고, 대화하고 토론하면서 자신의 이야기를 하는 것과 다른 사람의 이야기를 듣는 경험을 반복적으로 하게 된다. 독서방이나 스터디클럽, 노동자도서관에서 책을 매개로 이루어지는 모든 활동을 통해서 인간으로서 자각, 권리의식, 시민의식을 갖게 된다.

보통선거universal suffrage 운동은 스웨덴이 근대적인 민주주의를 실현하는 과정에서 가장 중요한 운동이었다. 이 운동에는 자유당과 사민당 세력은 물론 금주운동, 교회운동, 노동조합운동, 여성운동 등 모든 개혁적인 시민운동 세력들이 함께 참여하였고, 그 속에는 독서방과 노동도서관, 여성들의 독서 모임을 통해 학습되고 조직된 시민들이 있었다. 그리고 1909년 24세 이상의 남성들에 대한 보통선거제가 의회를 통과하면서 투표권을 올바로 행사하도록 하기 위해 성인학습이 중요하게 부각되었다. 1912년에는 민중교육을 지원할 수 있는 법이 만들어졌고, 지원법이 만들어지자 도서관과 성인 교육에 대한 관심이 폭발적으로 늘어났다. 노동조합을 비롯한 노동도서관 관련 조직들은 힘을 모아 노동교육협회ABF를 결성하였다. 1919년에는 여성에게도 보통선거권이 확대되었고, 이후 꾸준히 선거 참여 연령을 낮춰 시민들의 정치 참여 기회를 확대해나갔다.

도서관은 그런 정치적 변화의 중심에 있었다. 보통선거 실시로 도서관은 한 단계 더 발전할 수 있게 되었다. 성인을 대상으로 한 학습과 계몽은 시민들의 정치의식을 크게 고양시켰고, 도서관은 민주주의적 훈련과 토대를 쌓아나가는 중요한 기지가 되었다.

독서클럽이나 독서방은 근대화 과정에서 어느 나라에서나 있었다. 그런데 북유럽, 특히 스웨덴에서는 독서방과 노동도서관이 나라 전체에서 광범위하게 전개되었다는 점이 다르고, 독서방과 노동도서관에 참여했던 사람들이 자유당과 사민당을 통해 의회에 진출하여 정책 결정을 주도했다는 점이 달랐다. 결정적으로는 이들이 주축이 된 사민당이 1932년부터 1976년까지 44년간 정권을 이어가면서 성인학습을 지속적으로 지원하고 확대해나갔다는 점이 달랐다.

근대화 시기에 스웨덴 정국을 주도한 사민당 지도자들은 철저히 민주주의를 견지했고, 평등의 가치를 구현하기 위해 노력했다. 성인학습과 계몽을 통해 꾸준히 시민의식을 계발하고, 시민들의 참여와 지지를 바탕으로 민주주의를 실현하고, 평등의 가치를 구현하기 위해 노력하였다. 모든 과정은 어느 날 뚝딱 법을 만들어 강제한 것이 아니었다. 44년간 계속해서 집권하였지만, 대부분 기간 동안 의회 의석은 과반을 차지하지 못했다. 다른 당의 지지를 받아야 했고, 연합해야 했다. 언제나 토론하고 타협하면서 느리지만 평등의 가치와 민주주의를 구현하는 방향으로 꾸준히 나아갔다. 그 과정을 국민과 함께 하면서 국민의 의식 수준과 학습 역량이 꾸준히 높아졌다.

1917년 러시아에서 볼셰비키들이 폭력적인 사회주의 혁명을 성공시켰을 때 스웨덴 사민당 지도자들은 이를 비판하고 거부하였다. 소련이 사회주의 혁명의 확산을 위해 코민테른을 조직했을 때도 이를 거부하였고, 냉전시대에는 늘 소련과 긴장 관계를 유지하였다. 민주주의를 가장 중요한 가치로 여겼고, 그 어떤 이유로도 폭력적이고 강압적인 노선을 거부하였다.

사회주의 사회 건설을 지향하고 평등의 기치를 높이 올린 구소련은 일찍부터 적극적인 도서관 정책을 펼쳐 빠르게 도서관 체계를 갖추었다. 도시마다 도서관을 잘 갖추었다. 그런데 구소련이 몰락하면서 도서관도 크게 몰락했다. 실제 도서관을 좋아하거나 도서관을 이용하는 사람은 많지 않았던 것이다. 자유롭게 자신의 관심에 따라 책을 읽고 대화하고 토론하는 문화가 없었기 때문이다.

미국은 세계에서 가장 먼저 근대적인 공공도서관 체계를 만들고, 세계 공공도서관 발전을 주도한 도서관 대국이지만, 경제대국이라고 말할 뿐 복지국가라고 말하는 사람은 없다. 미국은 개인 의사를 존중하고 민주주의를 신봉하는 나라인데 어떻게 된 일일까? 미국은 개인 능력을 중시하고, 경쟁을 중시한다. 보스턴도서관이나 뉴욕도서관에서 배출한 뛰어난 인재가 누구인가를 내세운다. 1980년 레이건의 집권 이후에는 특히 신자유주의 기치를 내세우고 모든 것을 시장에 맡기면서 공공의 역할이 크게 줄어들었다.

IT 산업의 발달과 함께 고급 기술의 개발은 더욱 중요해졌고, 뛰어난 영재의 존재는 더 중요해졌다. "오늘날 내가 있게 한 것은 어린 시절 동네에 있던 작은도서관이었다." 빌 게이츠가 했다는 이야기는 도서관계에서 가장 많이 인용되는 말이다. 미국 도서관이 내세우는 가장 큰 성과처럼 들린다.

1980년대 영국에서는 대처 수상이, 미국에서는 레이건 대통령이 신자유주의 기치를 들고, 공공개혁을 외치며 민영화를 최고의 가치로 내세웠고 세계가 그 뒤를 따랐지만, 스웨덴 팔메 총리는 의연하게 거부하였다. 오히려 공영화를 확대하였다. 민주주의와 함께 평등, 공존의 정책을 추구한 것이다.

계급대결에서 계급포용으로

1800년대 산업혁명의 확산으로 유럽은 자본을 가진 사람이 노동자를 고용해서 물품을 생산하고 이익을 취하는 사회로 바뀌게 되면서, 봉건제가 무너지고 자본이 중심이 되는 자본주의 시대가 되었다. 노동자의 노동력을 이용해 부가가치를 만들고 이익을 만들어내는 구조에서 본질적으로 자본가와 노동자는 이해관계가 대립하고 갈등하게 된다. 자본주의 생산 체제가 도입된 이후 끊임없이 반복되어온 갈등이니, 자본주의의 역사는 결국 자본과 노동의 대립의 역사이기도 한 것이다. 이 자본과 노동의 끝없는 대립이 스웨덴에서는 다른 모습으로 전개되었다.

산업혁명의 물결이 밀려들어 왔을 때 스웨덴은 산업혁명기의 영국이나 프랑스와 다르지 않았다. 노동환경은 열악했고, 장시간 노동이 만연했고, 어린이들까지 노동현장에서 장시간 노동에 매여 있었다. 노동환경을 개선하려는 움직임은 노동조합을 만들어냈고, 결국 산업현장에서는 파업이 끊임없이 이어졌다.

1909년에 스웨덴 LO는 전국적으로 30여만 명이 참가한 대규모 총파업을 벌였는데, 준비 부족과 경영자 측의 공장 폐쇄 전략에 밀려 결국 패배하였다. 모든 조직을 동원한 총파업이 실패로 끝나면서 노동계는 심각한 조직 와해와 후유증을 겪어야 했다. 경영자에 의한 해고와 노조 파괴가 전국적으로 진행되었다. 현장에서 밀려나고 조직을 떠난 노동자들은 줄을 이어 아메리카 이민 대열에 합류하였다.

LO가 총파업 실패를 딛고 조직을 재건하기 위해 택한 것은 노동자들의 학습이었다. 노동조합 조직가들은 전국에 있는 조합 지부에서 노동도서관을 만들어 노동자들과 함께 책을 읽으며, 필요한 교양을 쌓고 노동자 조직을 복구해나갔다. 1912년에 만들어진 노동교육협회ABF도 그런 움직임 속에서 커다란 힘이 되었다.

한편 LO와 굳건한 유대관계를 맺고 있는 사회민주당은 보통선거 도입 이후 꾸준히 의회 의석을 확대하여 1932년 선거에서 승리하며 단독으로 집권을 하게 되었다. 이후 사민당은 대공황의 어려움을 잘 이겨내고, 지지 기반을 넓히며 장기 집권 태세를 갖추어나갔다.

사민당은 사회주의 강령을 가진 정당이었지만 이미 '국민의집'이라는 계급 포용 정책을 지향하고 있었고, 생산시설 사회화 등 급진적인 사회주의 정책을 사실상 폐기하고 있었다. 사민당은 현실적으로 생산시설을 잘 운영해서 노동자들의 생활을 개선하는 것을 중시했고, 나아가 국민의 생활 수준을 개선하고 복지정책을 실시하는 것을 우선시했다. 때문에 사민당은 산업평화를 매우 중시했다. 파이를 키우는 것을 중요하게 여긴 것이다. 이에 대해 LO도 협조적이었다. 급진적인 노동운동 세력들과 대립하면서 사민당의 안정적인 정권 운영에 협조하는 자세를 유지하였다.

그런 분위기에서 노사 상생을 먼저 제안한 것은 경영자총협회SAF였다. SAF의 리더들은 사민당 집권이 당분간 계속 이어질 것으로 보았고, LO와 대립할 때 사민당 정부의 지지를 받기는 어려울 것이기 때문에, LO를 대화 상대로 인정하고 정부의 간섭을 배제하는 것이 유리하겠다는 판단을 하였다.

결국 SAF와 LO의 대표들은 많은 협의 끝에 1938년 스톡홀름 외곽 살트셰바덴에 있는 그랜드호텔에서 만나 모든 문제를 정부의 간섭 없이 협의를 통해 해결해나갈 것을 합의하였다. '살트셰바덴협약

Saltsjöbaden Agreement'이다. LO와 SAF는 각자의 대표를 포함한 노동시장협의회를 설치하고, 그것이 중앙교섭단체 기능을 하기로 하였다. 일부 노조가 반발하기도 했지만, 전국 단위 교섭이 자리 잡으면서 전국 산하 노조에 대한 LO의 지도권이 강화되었고, SAF의 산하 기업체에 대한 영향력도 강화되었다. 서로를 인정하고 모든 문제를 협상을 통해 해결하기로 하면서 노동환경이 크게 개선되었고, 파업도 크게 줄어들었다. 경영자 측에서도 당장 갈등으로 인한 피해가 크게 줄어들었고, 노조의 협조로 생산 효율이 높아지면서 경영 여건이 좋아졌다. 사민당 정부는 이 협약을 존중하여 오래도록 노사 문제에 개입하지 않았고, 노사 관계를 규제하는 법을 만들지 않았다. 이 협약으로 스웨덴 산업계에는 파업이 크게 줄어들었고, 노사가 함께 만든 산업평화는 스웨덴이 복지국가로 나아가는 데 가장 큰 기반이 되었다. 노동조합도 조직이 크게 확대되었고, 이후 사민당의 복지정책 추진에 가장 큰 힘이 되었다.

노동조합이 주도한 평등사회의 길

LO는 여기서 한발 더 나아갔다. 독서와 학습을 통해 조직을 강화한 노동조합 지도자들은 사용자 측과의 협상에서 노동 조건을 개선하는 것에 만족하지 않고, 노동자들 간의 연대 의식을 유지하고 강화하는 노력을 계속하였다.

살트셰바덴협약을 통해 산업 현장은 안정되었지만, 임금 상승에 따른 인플레 문제는 계속 제기되었다. 유럽 대륙이 제2차 세계대전의 폐해를 복구하는 과정에서 스웨덴은 수출이 크게 증가하였고, 수출 성과에 따라 산업별로 임금 격차가 커졌다. 노동조합은 이 문제를 그대로 받아들이지 않았다.

노동자 임금 격차에 처음 문제를 제기한 것은 스웨덴 LO에서도 가장 핵심 세력이었던 금속노련이었다. 금속노련이면 대기업 노조가 많고, 노조가 조직된 기업체는 상대적으로 근로 조건이 좋고 임금이 높다. 그런데 이 기득권을 가진 금속노련이 앞장서서 노동자들 사이의 임금 격차 문제를 제기한 것이다. 금속노련의 문제 제기를 고민한 LO 소속 경제학자 예스타 렌Gösta Rehn과 루돌프 마이드네르Rudolf Meidner는 1951년 LO 연차대회에서 연대임금제라는 정책을 발표하였다.*

연대임금제의 핵심은 노동자들 사이 임금 격차를 줄이기 위해 동일노동·동일임금을 실현하는 것으로, 대기업 노조가 단체 교섭에서 임금 인상을 자제하고, 중소기업 노조는 임금 인상 폭을 늘려서 임금

---

* 연대임금제에 대해서는 홍기빈의 『비그포르스, 복지국가와 잠정적 유토피아』(2012, 책세상) 245쪽부터 자세히 소개되어 있다.

수준을 맞추는 것이다. 기본적인 임금 협상을 LO와 SAF가 전국 단위에서 체결하고, 전국 단위 단체 협상 결과를 바탕으로 산별, 기업별 협상을 보완적으로 진행하는 방법을 취하는 것이다.

그렇게 하면 대기업 노조에서 임금 인상을 자제하여 대기업의 이익은 커진다. 대기업은 여유 자금이 많아지고, 생산 라인을 확대할 여유를 갖게 된다. 반대로 중소기업은 어려움에 봉착한다. 노조의 임금 인상 요구 폭이 커지게 되고, 생산성이 낮은 기업들은 결국 문을 닫아야 한다. 회사가 문을 닫으면 실직한 노동자들은 어떻게 하나? 논의가 시작되던 초창기에 사민당 정부는 중소기업의 어려움을 들어 연대임금제에 회의적이었다. 돌파구가 된 것은 적극적인 노동시장 정책이었다. 경쟁력이 높은 대기업은 투자 여력이 생기게 되고, 새로운 일자리를 만들게 된다. 경쟁력이 약한 중소기업이 문을 닫아 노동자들이 실직하게 되었을 때, 정부는 그냥 뒷짐 지고 있는 것이 아니다. 실직 노동자들에게는 일정 기간 실업급여를 지급하고, 기술 교육은 무료로 한다. 그리고 취업 정보를 제공하고, 취업을 도와준다. 경쟁력이 없는 중소기업은 지원하지 않는다. 그렇게 해서 LO가 주도한 연대임금제와 정부에서 지원한 적극적 노동시장 정책이 결합하여 스웨덴에서는 동일노동·동일임금의 원칙이 자리 잡게 되었다.

대기업 노조가 먼저 문제의식을 갖고 자신들의 임금 인상을 포기하고 연대를 위해 나섰다는 점부터가 대단하다. 스웨덴 LO가 연대임금제를 채택하였을 때, 반발하고 기득권을 지키기 위해 LO를 탈퇴한 노조가 있었다는 이야기는 들어보지 못했다. 연대임금제 실현으로 문 닫은 중소기업이 많아 커다란 사회 문제가 되었다는 이야기도 없었다. 야당들이 나서서 비난하고 반대한 것도 없었다. 동일노동·동일임금의 연대임금제가 정치적인 대립도, 사회적인 갈등도 없이 자연스럽게 도입되었다.

어떻게 가능했을까? 스웨덴 노동조합이 단순한 이해관계로만 맺어진 조직이 아니라, 학습을 통해 노동자 의식과 연대의식을 쌓으며 만들어지고 강화된 조직이기 때문에 가능했던 것이다. 노동도서관과 스터디클럽을 통한 학습을 통해 높아진 연대의식의 힘이다. 그리고 연대임금제를 통하여 LO를 중심으로 한 노동조합의 결속력은 더욱 단단해졌고, LO는 노동자들의 연대의식을 바탕으로 노동권을 강화시켜나가고, 노동 중심의 복지국가를 이루어나가는 정책들을 꾸준히 실현하였다.

연대임금제로 실현된 동일노동·동일임금의 원칙은 노동계에서 다양한 연쇄 효과를 낳았고, 사회 전반에 큰 영향을 미쳤다. 기업체 내에서도 연공에 따라 급여가 오르는 연공제가 사라졌고, 직장 문화도 수평적으로 변화해나갔다. 사회적으로 직업 간 소득 격차도 완화되었다. 결국에는 직업을 선택할 때 소득이 아니라 자신의 개성과 적성에 따라 직업을 선택하는 문화가 더 굳어졌다. 이러한 문화는 교육제도, 인재 선발 제도에도 영향을 미쳤다. 1960년대 스웨덴에서는 9학년까지를 종합학교제로 통합하는 교육개혁이 이루어졌다. 시험을 통한 선발은 사라졌고, 기업이나 공공 부문에서도 면접을 통해 인력을 충원하는 문화가 자리 잡았다. 동일노동·동일임금에 실현된 평등의 정신, 상호존중의 정신이 교육 현장에 그대로 구현된 것이다.

연대임금 정책은 1990년대 스웨덴이 EU에 가입하면서 약화되었다. 국제 경쟁에서 첨단기술이 중요해지고, 노동시장이 개방되면서 LO와 SAF 간의 교섭도 약화되었다. 스웨덴이 EU에 가입할 때는 스웨덴의 기준을 EU의 기준으로 만든다는 호기로운 의지가 있었지만, 결국 큰 시장의 흐름을 막아내기에는 힘에 부쳤던 것이다.

도서관에서 시작된 여성운동

북유럽은 세계에서 가장 모범적인 성평등 사회로 꼽힌다. 여성들의 사회 참여에 관한 각종 데이터를 보아도 그렇고, 실제 사람들 사는 이야기를 들어보아도 북유럽은 성평등 사회의 모델이 될 만하다. 평소 성평등적인 생각을 가졌다고 생각하는 사람들도 북유럽에서는 자주 당혹스러움을 느끼게 될 정도다.

스웨덴에서는 아기를 여자, 남자로 구별하여 키우지 않는다. 어린이집에 가서 신발장을 보면 성별 구별이 안 된다. 신발에 파란색, 분홍색 구별도 없고, 로봇이 그려 있거나 꽃이 그려 있지도 않다. 화장실에 가도 남녀 구별이 없다. 남녀 화장실이 따로 있는 경우는 점점 줄어들고 있다. 전업주부라는 말이 사라졌을 만큼 대부분 여성이 자기 일을 하고 있다. 남성들도 육아와 가사에 같이 참여한다. 어린이집에 가면 육아휴직 중인 아빠들이 아이를 데리고 오는 경우가 많다. 국회의원 중에는 여성이 거의 절반에 육박한다. 정당별 비례대표 명단을 작성할 때 여성을 홀수 순번에 먼저 배정한다. 회사에서도 여성 임원의 비율이 높다.

스웨덴에서는 여성에게 호의를 베풀고, 여성에게 친절을 베푸는 일도 조심해야 한다. 스톡홀름에서 어떤 여성이 무거운 짐을 옮기는 것을 보고 도와주겠다고 의사를 표시한 적이 있다. 그 여성의 대답은 "No, thank you. I am strong"이었다. 여성을 도와줘야 할 사람으로 여기는 생각 자체를 교정해야 한다. 급박한 상황이 아니라면 상대방이 요청할 때 도움을 주는 것이다.

그런데, 이런 문화가 오래된 전통은 아니다. 스웨덴에서도 오랫동안 여성의 굴레는 엄혹했다. 1845년에야 여성에게도 남성과 같이 상속권이 인정되었고, 1846년이 되어서야 미망인, 이혼 여성, 미혼 여성이 수공업이나 제한된 상업 분야에서 일할 수 있게 되었다. 1864년까지는 남성이 법적으로 그 부인을 때릴 권리가 있었다. 진보적이라는 노동운동에서도 초창기에는 성차별이 심해 여성들이 조합원으로 가입하면 남성 조합원이 탈퇴하는 경우도 많았다고 한다.

소피 아드레슈파레Sophie Adlerspparre, 1823~1895 는 스웨덴에서 초창기 여성운동의 깃발을 든 인물 중 한 명이다. 그녀는 여성들이 교육을 받고, 직장 생활을 하는 것을 중요하게 강조하고, 직접 많은 교육기관을 만들었다. 1859년에는 스칸디나비아에서 처음으로 여성들을 대상으로 한 잡지《가정리뷰 Tidskrift för hemmet》*를 창간하였고, 1866년에는 스톡홀름에서 여성 독서회를 조직하였다. 여성 독서회는 여성들이 무료로 이용할 수 있는 도서관을 만들었고, 도서관을 통해 여성들의 교육과 취업을 독려했다. 그녀가 여성들을 위한 무료 도서관을 운영한 목적은 '여성들이 독서를 통해 자기 학습을 계속하고, 좀 더 나은 삶에 대한 희망을 갖게 하는 것'이었다.

아드레슈파레는 축적된 여성운동계 자원들을 조직하여 1884년 12월에 프레드리카브레메르협회**를 창설하였다. 이 협회는 특히 여성의 정치참여 운동을 주도하였다. 아드레슈파레는 정치 과정을 개혁하지 않으면, 여성의 사회생활은 개선되지 않는다고 판단하고, 정치적 의사결정 과정에 한 명이라도 많은 여성을 보내는 것을 중요시

---

* 1859년부터 1885년까지 발간되었으며, 스웨덴의 여성운동을 선도하였다.
** 프레드리카 브레메르Fredrika Bremer, 1801~1865는 스웨덴의 작가이며 여성운동가이다. 미혼 여성의 목소리를 담은 『헤르타Hertha』라는 소설을 발표하여 국제적으로 알려졌고, 여성운동의 불을 지폈다.

하여, 여성 참정권을 요구하는 보통선거 운동에 적극적으로 참여하였다.

1921년 선거에서 여성 참정권이 처음으로 실현되었다. 여성들이 후보로 나선 역사적인 첫 선거에서 다섯 명의 여성이 의회에 진출했는데, 사민당 소속으로 의원이 된 사람은 재봉사였던 아그다 오스트룬드 Agda Östlund, 1870~1842 *와 사진가 넬리 트링 Nelly Thüring, 1875~1972 **이었다. 이들은 고등교육을 받지 못했지만, 여성 도서관과 독서 모임을 통해 사회적 학습을 하고, 정치적 의식을 키웠다. 브레메르협회를 중심으로 한 여성운동계는 과격한 주장보다는 현실적으로 여성 의석을 늘리기 위해 노력했다. 그리고 사민당 집권 시기에 여성의 교육환경, 가정환경, 노동환경이 빠르게 개선되기 시작하였다. 1950년대에는 여성의 사회 참여가 일반화되었고, 이에 따라 육아와 돌봄을 사회화하는 복지 제도들이 꾸준히 만들어졌다. 한번 여성들을 굴레에서 해방시킨 시스템들은 선순환이 되어 다시 여성들의 일자리를 만들었고, 여성의 교육과 사회 참여는 더욱 가속화되었다. 그 시작에 아드레슈 파레의 독서회, 여성 도서관이 있었다는 것을 강조해두고 싶다.

---

* 노동자의 집안에서 태어나 열네 살부터 재봉사로 일했다. 스톡홀름에서 재봉사로 일하며 여성단체, 사회단체에서 활동했다.

** 농부의 딸로 태어나 열다섯 살부터 상점 점원으로 일하다가 사진을 배워 25세에 사진관을 차렸다. 1917년에 예테보리 시의원이 되었고, 1921년에 스웨덴 의회 의원이 되었다.

높은 시민의식이 만들어낸 협력정치

사민당은 1932년 집권 이후 협력정치Cooperative politics를 정착시켰다. 비례대표제 선거로 의회는 지지 그룹을 달리하는 정당들이 일정한 지분을 가진 다당제를 유지하고 있었고, 어느 한 정당도 의회 의석의 반수를 넘지 않는 상황이 계속 이어졌다. 어느 정당도 자기 주장만 고집해서는 아무것도 할 수 없었고, 이웃한 정당과 타협과 연대가 필요했다. 사민당은 두 번에 걸쳐 농민당과 연합정권을 이루고, 제2차 세계대전 때는 거국내각을 구성하면서, 대화와 타협의 정치를 정착시켰다. 오래도록 스웨덴 정치를 연구해온 일본의 오카자와 노리오岡沢憲芙* 교수는 이런 스웨덴의 정치를 '합의형성형 정치'라고 이름 붙이고 있다.

다른 정당들도 합의형성형 정치에 길들여졌다. 스웨덴에서는 1921년 처음으로 남녀 보통선거가 정당별 비례대표제로 치러졌고, 이를 계기로 지금의 정당 체제가 정비되었다. 온건당, 자유당, 중앙당(농민당), 사민당, 공산당이 원내 정당으로서 뚜렷하게 자기의 정치적

---

* 전 일본 와세다대학 교수, 오래도록 스웨덴을 오가며 스웨덴 정치 현장을 연구해왔고, 1987년부터 스웨덴 정치에 관한 저술을 이어왔다. 『スウェーデンの政治-実験国家の合意形成型政治』(2009)이 완결판이라 할 만하다.

노선을 견지하며 지금까지 맥을 이어오고 있다.

스웨덴에서 정당은 어떻게든 정권을 잡기 위해서 혈안이 되거나 선거에서 이기기 위해서 이합집산하는 조직이 아니다. 스웨덴에서 정당은 정치적 노선을 같이 하는 사람들의 결사체다. 정당들은 각자의 정치적 철학과 주장을 뚜렷이 하고, 사안별로 비슷한 정당과 힘을 합친다. 당의 주장이나 철학을 버리고 당 지도자의 이해관계에 따라 힘을 합치는 일은 한 번도 없었다.

유권자들은 신문을 많이 보고, 텔레비전 토론을 즐겨본다. 정치적 사안이나 정책 토론에 대한 이해도가 높다. 비논리적인 주장이나 억지 주장은 금방 유권자들의 비난을 받게 된다. 미디어에서는 국민을 설득하기 위한 논리적이고 수준 높은 토론이 이어지고, 수준 높은 토론은 그 자체로 지켜보는 시민들에게 민주주의 교육의 장이 된다.

1932년부터 1976년까지 44년간 사회민주당이 연속하여 집권하였지만, 의회에서 과반수 의석을 차지한 것은 불과 6년에 불과했다. 나머지 38년은 의회 내에서 소수에 머물렀기 때문에 언제나 다른 정당들을 설득하고 도움을 받아 정책을 추진해야 했다.

스웨덴 의회에는 일찍부터 '레미스Remiss'라는 제도가 실행되어오고 있다. 레미스는 퍼블릭 코멘트Public comment의 원조에 가깝다. 의회에서 다루는 법안과 관련하여 관련된 모든 이익단체, 법안에 흥미를 갖는 시민은 자유롭게 의견서(레미스 문서)를 제출할 수 있다. 사회적으로 논란이 되는 사안에 대해서는 정부에서 미리 조사위원회를 따로 만들어 관련된 사회적 논의를 진행하고, 보고서를 작성하여 의회에 제출한다. 제출된 보고서는 레미스 과정을 통해 관계인의 의견을 덧붙인 다음에야 의회에서 정식으로 논의가 시작된다. 지방의회에서도 레미스 과정이 충실하게 진행된다.

법률이나 제도만 그런 것이 아니다. 각종 공공사업에서도 레미스 과정이 충실하게 진행된다. 지자체에서 도로를 놓으려고 해도 오랜 시간을 들여 논의가 진행된다. 도서관 하나를 지어도 뚝딱 결정되는 것이 없다. 눈에 띄는 도서관에 가서 물어보면 개관하기 10여 년 전부터 논의가 시작되었다는 것을 알 수 있다. 북유럽이 다 비슷하다. 덴마크 역시 헬싱외르에 있는 쿨투어베아프트를 개관하기까지 10여 년의 논의가 있었다. 헬싱키의 오디도서관도 개관하기 10년 전인 2008년부터 밑그림이 그려지기 시작했다. 시간은 걸리지만 실패작은 많지 않다. 대부분 놀라운 투자 효과를 거두는 작품으로 만들어진다.

스웨덴에서는 국민 전체에 영향을 미치는 사항이라고 생각되면, 국민투표를 마다하지 않는다. 지금까지 국가 차원에서는 모두 여섯 번에 걸쳐 국민투표가 실시됐다. '알코올 판매금지에 관한 국민투표'(1922), '자동차 운행 방향 변경안에 관한 국민투표'(1955), '국민연금 개혁안에 대한 국민투표'(1957), '원자력발전 이용에 관한 국민투표'(1980), '유럽연합 가입에 대한 국민투표'(1994), '유로권 가입에 대한 국민투표'(2003)이다. 국민투표가 법적인 구속력을 갖는 것은 아니었기 때문에 자동차 운행 방향 변경에 관한 것처럼 투표 결과가 부정적이라도 장기적으로 국가에 이익이 된다고 판단하면 정치권이 뜻을 모아 이웃 나라에 맞게 운행 방향을 바꾸는 실용적인 자세를 취했다. 2003년에 유로화로 통화를 변경하는 문제에 대해서는 국민의 반대(55.9퍼센트)가 높았기 때문에 추진을 포기하고, 지금도 SEK(스웨덴 크로나)를 사용하고 있다.

복지정책의 핵심, 연금제도의 정착

복지국가를 판단하는 가장 핵심적이고 중요한 기준은 국민연금제도이다. 누구나 노인이 된다. 노인이 되면 경제 활동 능력을 잃는 것이 인간에게 기본적인 불안이고, 그 불안에 대비하는 것이 모든 인간의 관심사다. 스웨덴은 세계에서 가장 모범적인 연금제도를 갖춘 것으로 평가된다. 노인들이 모두 연금에 가입해 있고, 지급 수준이 매우 두텁다. 그런 연금제도가 정착되는 과정을 자세히 들여다보면 정책에 대한 국민의 높은 이해를 발견할 수 있다.

1913년 스웨덴에서 국민연금제도가 처음 도입되었을 때는 연금액이 매우 적어 노후보장의 의미가 거의 없었다. 제2차 세계대전 이후 착실하게 복지제도를 갖춰나간 사민당은 국민연금제도 개혁에 관심을 기울였다.

1946년 67세 이상 모든 국민에게 연간 1000크로나(부부는 1600크로나)의 연금을 보증하는 기본국민연금제도를 도입하였다. 그러나 이 또한 노후 보장에는 턱없이 부족한 액수였기 때문에 처음부터 문제 제기가 잇달았다.

국가가 재원을 조달하여 국민에게 일률적으로 연금을 지급하는 방식으로는 연금의 수준을 높이는 데 한계가 있었다. 1950년에 조사위원회가 만들어지고 새로운 연금 제도에 대한 연구가 시작되었다. 결국 보험과 같이 개인이 소득의 일정 부분을 연금으로 불입하고 노후에 불입 금액에 상응하여 연금을 받는 방식의 불입연금 도입이 검토되었다.

사민당은 모든 피고용자는 회사가 보험료를 부담하여 의무적으로 연금에 가입해야 하고, 다른 소득이 있는 사람만 가입을 선택할 수 있게 하였다. 조성된 연금기금을 정부가 관리하여 운영하는 방안을 추진했다. 그런데, 농촌을 지지 기반으로 하는 농민연합의 생각은 달랐다. 불입연금 가입은 모두 본인이 선택하게 해야 한다고 주장했다. 이에 반해 기업가들을 대변하는 보수 세력은 연금 가입은 모두 본인이 선택해야 하고, 조성된 연금액은 민간에서 운영해야 한다고 맞섰다.

결국 합의가 되지 않았고, 정부는 1957년 10월 조사위원회가 제출한 세 가지 안에 대한 국민투표를 실시하였다. 찬반을 묻는 것이 아니라 조금 복잡한 연금제도에 대한 선호도를 묻는 것이었다. 선택지와 투표 결과는 다음과 같았다.

1안 - 모든 급여 생활자는 의무적으로 연금에 가입한다. 보험료는 사업주가 부담한다. 농민 등 기타 소득자는 원하는 사람만 가입한다. 연금기금은 정부가 관리한다(사민당, 노동계 지지). → 투표 결과 45.8퍼센트 지지

2안 - 모든 사람이 개별적으로 원하는 사람만 연금에 가입한다(농민연합 지지). → 투표 결과 15퍼센트 지지

3안 - 모든 사람이 개별적으로 원하는 사람만 연금에 가입한다. 연금기금은 노사협의를 통해 민간에서 관리한다(보수 세력 지지). → 투표 결과 35.3퍼센트 지지

투표 결과 유권자의 72.4퍼센트가 투표에 참여한 가운데, 사민당과 노동계가 지지한 의무가입안이 가장 많은 45.8퍼센트 지지를 얻었을 뿐, 어느 한 가지 안도 과반에 이르지는 못했다.

연금안에 대한 국민투표를 계기로 농민연합은 사민당과 연립정권에서 탈퇴하였다. 사민당과 연립정권에 참여하면서 농민을 위한 정책을 추진할 수는 있었지만, 당의 존재감과 지지도가 떨어지고 있었다. 결국 정책적 이해관계가 달랐던 연금안에 대한 국민투표를 계기

로 보수 세력과 연대하는 방향으로 돌아선 것이다.

국민투표 결과 1안이 제일 많은 지지를 얻었으므로 에를란데르 총리는 1958년에 의무가입 불입연금안을 의회에 제출하였지만 농민연합이 연립정권에서 탈퇴하며 반대하였기 때문에 부결되었다.

벽에 부딪힌 에를란데르 총리는 의회를 해산하고 다시 총선을 치르는 방안을 선택했다. 스웨덴 정치에서는 전례 없이 과감한 선택이었다. 새로 치러진 총선 결과 의석수에 약간의 변동이 생겼다. 정부가 제안한 연금안을 지지하는 세력과 반대하는 세력의 의석수가 똑같게 됐다. 당시 스웨덴은 양원제였고, 하원의 의석수는 230석이었는데, 사민당과 공산당의 의석 합이 115석, 우당과 농민당, 국민당의 의석 합이 115석이었다.

연금안 처리가 불투명한 가운데 의외의 곳에서 해결책이 나왔다. 한 국민당 의원이 기자회견을 열고 국민당 안이 거부된다면 다음 표결에서는 기권을 하겠다고 선언하였다. 의안은 소수당이 제안한 안부터 표결을 하게 되는데, 예상대로 국민당 안이 부결되자 이 의원은 정부 안에 대한 표결에서 기권을 하였다. 결국 반대 114표로 반수에 이르지 않았기 때문에 제출된 정부 안이 통과되었다.

사민당이 주장하는 안이 통과되자 국민당은 통과된 안을 수용한다는 입장을 발표하였고, 이후에는 다른 정당들도 더 이상 반대 없이 새로운 연금제도를 받아들였다.

찬반을 묻는 것이 아니라 의견을 묻는 국민투표를 하는 것이 특별한데, 거기에 비교적 높은 투표율을 보인 것도 인상적이다. 결국 스웨덴 국민의 높은 정치적 관심과 정책 이해도를 확인할 수 있다. 정당들은 지지층의 이해관계를 대변하기 위해 노력하지만, 자신들만의 이익을 위해 무리한 방법을 취하지는 않는다. 그리고 의회에서 표결 결과는 그대로 존중하고, 유권자에게 호소하여 다음 선거를 기약한다.

오래전에만 그런 것이 아니다. 2014년 총선 이후 스웨덴 정치를 보면 우리는 생각하기도 어려운 장면이 많다.

정치적 위기에서의 선택

2014년 12월 3일 스웨덴 정치에 전례 없이 큰 위기 상황이 연출됐다. 의회에서 정부 여당이 제출한 새해 예산안이 부결되고, 야당인 우파연합이 제출한 예산안이 통과된 것이다. 스테판 뢰프벤 총리Stefan Löfven*는 곧바로 기자회견을 열어 의회를 해산하고 다음 해 3월에 총선을 열겠다고 발표하였다. 정국은 긴장됐고, 언론은 연일 관련 보도를 쏟아냈다. 어떻게 이런 상황이 벌어졌을까?

---

* 2014년부터 2022년 3월까지 스웨덴 총리를 역임했다. 용접공으로 출발해 금속노련에서 활동하였으며, 2012년에 사민당 대표가 되었다.

2014년 9월에 실시된 총선에서 투표 전에는 사민당의 우세가 예상되었다. 2006년부터 집권한 우파연합이 복지 사업을 민영화하는 등 복지 관련 예산을 축소하는 것에 대한 부정적인 여론이 많았기 때문이다. 그러나 개표 결과는 난민 반대를 핵심 정책으로 내건 스웨덴민주당의 약진이었다. 사민당은 1석이 늘어난 113석에 그쳤고, 우파연합을 이끈 온건당은 23석이나 줄어든 84석으로 후퇴하였다. 스웨덴민주당은 무려 29석이 늘어난 49석을 차지했다. 나머지는 환경당 25석, 중앙당 22석, 좌당 21석, 국민당 19석, 기독교민주당 16석이었다. 원내 진출에 기대를 모았던 여성당은 4퍼센트 벽을 넘지 못하였다. 집권세력인 우파연합은 합계 141석, 사민당을 중심으로 한 좌파연합은 159석으로 어느 쪽도 전체 의석 349석의 과반을 차지하지 못하게 됐다.

우파연합이 스웨덴민주당과 손을 잡으면 계속 집권할 수 있지만, 우파연합은 선거운동 중에 난민 반대 정책을 주장하는 스웨덴민주당과는 절대 손을 잡지 않겠다고 공언해왔다. 결국 사민당이 주도하는 좌파연합이 집권하여 내각을 구성하게 되었지만, 의회에서 다른 정당의 도움 없이는 어떤 결정도 할 수 없는 소수파의 입장이었다.

대립의 핵심적인 문제는 난민 지원 예산이었다. 사민당이 제출한 예산안과 우파연합이 제출한 예산안은 모두 난민 지원 예산을 증액하는 것이었다. 예산안 표결을 앞두고 스웨덴민주당 대표가 기자회견을 열고 난민 지원 예산을 삭감하는 자신들의 예산안이 부결된다면 우파연합 안을 지지하여 정부 여당 안을 부결시킬 것이고, 앞으로 우파연합이 정권을 잡더라도 난민 지원 예산을 줄이지 않으면 계속 같은 방법을 쓸 것이라고 발표하였다.

뢰프벤 총리는 다급하게 우파연합 지도자들을 만나 협의를 하였으나 어떠한 합의도 이루지 못하였고, 결국 정부 여당 안이 부결되고, 야당인 우파연합의 예산안이 채택된 것이다.

뢰프벤은 의회 해산과 조기 총선을 언급하였지만, 법적으로 의회가 구성된 지 3개월 내에는 조기 총선 실시를 결정할 수 없기 때문에 의회 해산은 12월 27일까지 기다려야 했다.

많은 논의 끝에 12월 27일 극적인 합의가 이루어졌다. 스웨덴민주당과 좌당을 제외한 6개 정당*이 극적으로 '12월 합의'에 성공했고, 뢰프벤은 조기 총선을 취소하였다. 6개 정당 대표들은 향후 8년간 좌우 두 블록 중에서 의석수가 많은 쪽이 정부를 구성하는 것을 지지해주기로 하고, 야당은 자신들의 예산안에 투표를 하지 않고 정부 안에 투표하기로 하였다. 스웨덴민주당의 정치적 압박을 막기 위한 것이었다.

이 합의는 2015년 10월에 기독교민주당이 이탈하면서 무산되었

✱ 사민당, 환경당, 온건당, 중앙당, 국민당, 기독교민주당이다. 좌당은 표결에서는 언제나 사민당 안을 지지하지만, 우파연합과의 협상 테이블에는 참여하지 않는다.

으나, 나머지 정당들은 합의 정신을 이어가서 야당이 각자 예산안을 제출해서 스웨덴민주당이 어느 당의 예산안을 지지해도 과반에 이르지 않게 하였다.

이렇게 정당들이 정권 쟁탈전을 되풀이하는 것이 아니라, 정치적 노선을 지키며 사안에 따라 타협하여 정책을 만들어나가는 것이 스웨덴 정치다. 4년에 한 번 치러지는 총선거 결과를 존중하고, 선거 결과로 배정되는 의석수가 의회 운영의 기본이 된다. 민감한 사안일수록 충분히 사전 조사를 하고, 레미스 과정을 거치고, 의회에서는 수많은 토론을 하지만 최종적으로 표결 결과는 존중한다.

이런 정치는 어떻게 가능했을까? 근원을 찾아가다 마지막에 맞닥뜨리는 것은 국민의 높은 리터러시와 독서를 바탕으로 쌓인 높은 시민의식, 정치의식이다.

정치적인 논쟁에 대해 국민이 많은 관심을 갖고 있고, 그 내용을 잘 이해하고, 일상에서 토론에 참여한다. 그렇기 때문에 정치인들은 자신의 주장에 논리적인 근거를 갖추기 위해 노력한다. 근거가 약한 주장이나 비판은 쉽게 드러나고, 결국 유권자들로부터 외면당하게 된다. 텔레비전에서도, 신문에서도 정책에 대한 토론이 많고, 그것을 지켜보거나 읽는 시민들은 다시 논리적인 토론을 보고 배우게 된다. 그렇게 정치 문화가 자리 잡아온 것이다.

투명한 정치와 사회적 신뢰의 선순환

 북유럽에서는 가정마다 대부분 신문을 한 가지 이상 구독한다. 신문을 자세히 읽는 열독률도 높다. 예전에는 학생들이 신문을 배달했다면 요즘은 이민자들이 배달하는 경우가 대부분이라는 점이 달라졌을 뿐이다. 스웨덴에서 가장 많은 독자를 가진 매체는 조간인 《다겐스뉘히테Dagens Nyheter》와 석간 《익스프레센Expressen》으로 30만 명 정도의 구독자를 유지하고 있다.
 1995년 10월, 《익스프레센》은 당시 부총리였던 모나 살린Mona Sahlin이 업무용 카드로 개인 비용 5만 크로나(한화로 약 700만 원)를 결제했다는 폭로 기사를 게재하였다. 살린은 사민당 내 여성 정치인의 리더로, 유력한 총리 후계자였기 때문에 파장이 컸다. 살린은 즉각 자신의 실수를 인정하였다. 마트에서 생활용품을 구입하면서 업무용 카드를 사용했다는 것이다. 사과는 했지만 여론은 쉽게 가라앉지 않았고, 결국 그녀는 부총리에서 물러나야 했다. 그후 검찰 조사가 뒤따랐는데, 법률 위반은 없었던 것으로 발표되었다. 업무용 카드를 개인 용도로 사용하였지만, 해당 금액을 다시 메워 넣고 있었기 때문에 유용은 아니었다는 것이다. 그러나 이 사건은 오래도록 모나 살린의 발목을 잡았고, 살린은 결국 재기하지 못하였다. 살린이 업무용 카드로 구입한 물건 중에 토블론 초콜릿이 많이 있었기 때문에 이 사건은 '토블론 사건'으로 불렸다.

스웨덴 국회의원은 특권이 없기로 유명하다. 스웨덴 국회를 몇 번 방문했다. 처음 만났던 모니카 의원은 6선의 여성 의원이었는데, 혼자 국회 정문에 나와 우리를 맞이해주었고, 국회 내에서도 혼자 우리를 안내해주었다. 스웨덴 국회에는 개별 의원을 도와주는 보좌진이 따로 없었다. 두 번째 만난 호칸센 의원은 대화가 끝난 뒤 우리를 영수증 보관소로 안내하였다. 그곳에는 국회의원들이 자신이 사용한 공금에 대한 영수증을 꼼꼼하게 챙겨놓은 파일들이 있었는데, 지출 사항을 의회에 신고한 후에도, 의원별로 정리된 영수증철을 오래도록 보관한다는 것이다.

국제투명성기구Transparency International는 1995년부터 국가별청렴지수CPI를 발표하고 있는데, 이 지수가 발표된 이래 북유럽 국가들은 계속 톱 5에 올라 있다. 덴마크, 스웨덴, 노르웨이, 핀란드가 거의 매년 톱 5에서 자리바꿈을 해오고 있다.

북유럽 국가의 정치가 처음부터 투명했던 것은 아니다. 이들 나라의 국민은 평소 신문을 자세히 살펴보고, 정치에 많은 관심을 기울이며, 참여도 적극적으로 한다. 정치인이 투명하지 않을 수 없게 만드는 것이 바로 높은 시민의식이다. 그것이 다시 선순환되어 정치에 대한 국민의 신뢰가 유지되는 것이다.

코펜하겐에서 에어비앤비로 숙소를 잡아놓고, 저녁거리를 사러 근처 마트에 갔다. 일행이 좀 많은 데다 며칠 지내야 하기에 카트에 물건을 가득 담았다. 그런데 계산을 하면서 생각을 해보니, 물건들을 모두 들고 숙소까지 가기는 좀 무리였다. 그래서 계산대 직원에게 어색한 몸짓으로 배달이 가능한지를 물어보았다. 그랬더니 그 직원은 숨도 안 쉬고 "그냥 카트를 밀고 가" 하고 대답하였다. 깜짝 놀란 눈으로 우리 숙소는 좀 멀고, 내일 아침에야 카트를 가져다 놓을 수 있다고 말했더니 돌아온 답변은 "No problem"이었다. 숙소로 돌아와서도 한동안 카트를 밀고 온 이야기를 나누었다. 이튿날 아침 우리는 마트에 카트를 반납하고, 직원에게 정중하게 반납 보고까지 하였다.

스톡홀름 감라스탄에 갔을 때도 비슷한 경험을 하였다. 노벨뮤지엄에 들어가려고 표를 끊으려 하니 대학생은 할인이 되었다. 마침 일행 중에 대학생이 있었지만 학생임을 증명하는 신분증은 없었다. 판매원에게 그냥 한번 이야기를 해봤다. 젊은 판매원은 쿨하게 "OK, I believe you!" 했다. 1인당 40크로나, 두 명이니 합계 1만 1000원 정도가 줄었다. 그 상황을 같이 지켜본 우리 일행들은 돈 액수를 떠나 북유럽 사회에 대한 진한 인상을 간직하게 되었다. 북유럽을 돌아다니다 보면 그런 경험은 자주 하게 된다.

OECD에서 2013년에 회원국의 사회적 신뢰에 대한 조사를 진행한 적이 있다. 조사는 갤럽을 통해서 다른 사람에 대한 신뢰, 공공기관에 대한 신뢰, 정부에 대한 신뢰 등 세 가지 항목에 대해서 각각 정교하게 설계되고 추출된 1000샘플의 답변을 듣는 방식으로 진행되었다.

조사 결과 모든 부분에서 북유럽 국가들은 가장 사회적 신뢰가 높은 것으로 나타났다. 특히 공공기관에 대한 신뢰나 정부에 대한 신뢰도가 높았다. 여기서 공공기관은 정치, 사법, 경찰을 말한다. 공공기관에 대한 신뢰는 기본적으로 투명성, 민주성을 통해 유지되고 강화된다.

사회적 신뢰는 경제적 자본과 비교하여 사회적 자본으로 불린다. 사회적 자본은 결과적으로 불필요한 규제나 조사를 피할 수 있게 하여 사회의 재원을 보다 효율적으로 사용할 수 있게 하고, 개인이나 집단의 배타적인 이익 추구를 제어하면서 공공성을 높여 자원을 효율적으로 배분할 수 있게 해준다. 서로에 대한 신뢰를 바탕으로 대화가 진행되면 불필요한 갈등이나 대립을 만들지 않고 서로에게 이익이 되는 방안들을 만들어내기 쉽다. 또 사회적 안전망과 같은 공공재 구축을 수월하게 하고, 환경과 같은 공유재의 보존을 가능하게 하여 결과적으로 사회 전체 삶의 수준을 높이는 데 기여한다. 결국 사회적 자본이 높으면 문제 해결에 급급하여 누더기식 대책 마련에 쫓기기보다는 장기적으로 문제를 예측하고, 바람직한 방안을 미리 논의하는 정책 수립에 비중을 둘 수 있게 된다.

덴마크를 자세히 들여다보면 사회적 신뢰가 어떻게 작동하는지 잘 알 수 있다. 덴마크는 EU권에서도 사회적 신뢰도가 가장 높은 나라에

속한다. 덴마크 사람들은 처음 만난 사람들도 잘 믿는다. 기본적으로 다른 사람에게 신뢰할 수 없다고 판단되는 점이 보이지 않는 한 먼저 신뢰하는 편이다.

이런 사회적 신뢰는 정부나 정치인, 사법부, 의료 등으로 확대된다. 그런 자리에 있는 사람들은 사회를 위해 일할 것이라고 믿는다. 실제로 부패는 매우 적다. 의회 내에서 집권당은 계속 바뀌었지만, 부패나 비리가 문제가 되는 경우는 없었다. 덴마크 사람들은 높은 세금을 내지만 자신들이 낸 세금이 제대로 쓰이고, 자신들에게 다시 돌아올 것으로 믿기 때문에 세금에 대한 불만이나 저항은 없다.

땅이 좁고, 자원도 없고, 인구도 적은 덴마크에서 사람들 간의 신뢰를 기초로 한 사회적 신뢰는 그 모든 핸디캡을 이겨내게 하는 매우 중요한 자산이다. 신뢰가 있기 때문에 사회적 갈등이 적고 범죄도 적다. 신뢰가 있기 때문에 관료적이고 복잡한 절차들과 더블체크를 위한 비용을 생략해도 된다.

신뢰는 또 더 좋은 비즈니스 환경을 만든다. 덴마크 기업들은 물건의 질, 납품 시간 등 거래 관계의 신뢰를 매우 중시하고 철저하게 지킨다. 그런 덴마크 기업들의 정직함, 투명성, 신뢰도는 국제 비즈니스에서 중요한 경쟁력이 된다.

복지국가를 지키는 힘, 창의적인 문화

책을 많이 읽으면 창의적인 것을 기대한다. 너무나 당연한 이야기이다. 책을 통해 만나지 않은 사람들의 생각을 많이 듣고, 가보지 않은 곳의 이야기, 해보지 않은 경험들을 많이 접하게 되면 당연히 생각하는 폭이 넓어지고, 현실의 문제를 해결하기 위한 새로운 시도를 많이 할 수 있다. 세상에 있는 수많은 것들을 통해 다시 세상에 없는 새로운 것들을 만들어낼 수 있는 힘을 갖게 되는 것이다.

북유럽의 창의력은 산업구조 변화에서 쉽게 느낄 수 있다. 덴마크에 대해 많은 사람이 아직도 유제품이나 수출하는 낙농국가 정도로 알고 있지만, 덴마크에서 낙농업은 전체 국민생산에서 5위권에도 들지 않는다.* 덴마크의 주력 사업은 이미 1차산업, 2차산업을 떠났다. 지금은 금융, 재생에너지, 의료, 건강, 환경 분야의 산업이 활발하다. 최근에는 창의적인 문화와 사회적 자본이 결합되어 각 분야에서 사회혁신이 매우 활발하다. 코펜하겐 시내만 다녀도 수많은 사회혁신 사례들 살펴볼 수 있는데, 슈페르킬른파크를 비롯하여 주차빌딩 위

---

* 2017년 기준 덴마크에서 일하는 전체 노동자들 중 서비스업 종사자는 80퍼센트, 제조업 종사자는 12퍼센트, 농업 종사자는 2퍼센트 정도다. 2020년 덴마크 1인당 국민소득은 58,439달러이다.

거대한 곡물 저장 사일로를 공동주택으로 개발한 제미니레지던스. ⓒ윤송현

에 놀이터를 설치한 콘디타겟뤼더스Konditaget Lüders, 거대한 곡물 저장 사일로를 공동주택으로 개발한 제미니레지던스Gemini residence, 폐기물 소각장 옥상을 스키장으로 개발한 코펜힐Copenhill, 새로운 주거문화를 선보인 8하우스8-house, 어반리거Urban-rigger 등이 대표적이다. 사회혁신도 그동안은 공공기관이 주도하였다면, 최근에는 민간 사회혁신가들이 주도하고 공공에서 지원하는 방향으로 바뀌고 있다.

세계적인 휴대전화 업체였던 노키아는 핀란드 회사다. 노키아 휴대전화가 우리나라에서는 거의 판매되지 않아서 우리에게 익숙하지 않지만, 유럽을 중심으로 오래도록 휴대전화 시장을 선도했고, 2007년에는 세계 휴대전화 시장의 40퍼센트를 점유했던 세계 최고의 기업이었다. 다른 계열 기업과 함께 핀란드 국내 총생산의 25퍼센트를 차지했고, 전체 상장사 시가총액의 60퍼센트를 차지했던 공룡 기업이었다. 핀란드에서 노키아의 비중은 우리나라에서 삼성그룹보다 훨씬 컸다. 그런 노키아가 새로운 스마트폰 시장에서 애플과 삼성에 밀리면서 급격히 쇠락하였고, 급기야 2014년 3월에는 휴대전화 사업을 정리하여 마이크로소프트에 넘기게 되었다. 핀란드에서는 삼성이 스마트폰 사업을 접은 것보다 더 큰 규모의 충격이었고, 사람들은 핀란드의 앞날을 우려했다.

그런데 시간이 지나도 핀란드에 실업자가 넘치고 경제 위기가 닥쳤다는 뉴스는 들리지 않았다. 거꾸로 인터넷에는 노키아가 문을 닫으니까 핀란드가 더 잘나가고 있다는 식의 기사가 돌았다. 실제로 그랬다. 2013년부터 거의 해마다 핀란드를 방문했지만, 헬싱키 거리에서 어두운 분위기는 찾아보기 어려웠고, 해마다 시선을 끄는 혁신적인 시도들만 늘어났다. 헬싱키 오디도서관은 그중 하나였을 뿐이다. 어떻게 그런 일이 가능했을까? 노키아라는 거대 공룡 기업의 그늘 아래 묶여 있던 창의적인 인재들이 봉숭아 씨방에서 씨앗이 튀어나가듯 곳곳으로 흩어져 새로운 혁신적인 기업들을 만들어낸 것이다. 핀란드 정부가 사회 혁신과 창업 지원을 위한 다양한 제도와 시설을 갖춘 것이 큰 힘이 되었다. 노키아의 몰락이 오히려 새로운 창조와 혁신의 출발이 된 것이다.

핀란드에 첨단 IT산업만 있는 것이 아니다. 핀란드는 어느덧 문화산업에서 강국이 되어 있다. 무민으로 널리 알려진 핀란드의 문화 창작력은 IT와 결합하여 앵그리버드 캐릭터를 만들어내고, 세계적인 게임 회사인 슈퍼셀을 만들어냈다.

핀란드 문화의 힘을 느낄 수 있는 곳이 헬싱키 서쪽 살미사리에 있는 카펠리테흐다스Kaapelitehdas다. 이곳은 이름 그대로 거대한 해상용 통신케이블을 만들던 공장으로, 노키아 그룹이 운영하던 곳이다. 이곳이 지금은 핀란드에서 가장 큰 문화센터로 연면적 5만 6000제곱미터의 건물에 3개의 뮤지엄, 10개의 갤러리, 댄스극장, 아트스쿨, 작업실, 밴드 그룹으로 바뀌었다. 이 문화공장은 매일같이 전시, 공연, 강좌, 축제, 장터가 열리고 연간 34만 명이 방문하는 헬싱키 명소가 되었다.

100년 전만 해도 척박한 환경의 가난한 농업국가였던 북유럽 국가들이 불과 50년 만에 세계를 선도하는 복지국가가 되었고, 오래도록 복지국가를 유지하고 발전시켜온 힘은 다양하게 설명될 수 있다. 혁신적이고, 사회적 신뢰가 높고, 정치에 대한 신뢰가 높고, 세금을 많이 내고, 소득 편차가 적고, 노동 중심의 사회적 평등이 잘 구현되어 있다. 하나하나가 모두 깊이 연구해볼 만한 대상이다. 그런데 그 모든 요소의 맥락을 집어보면 그것은 높은 시민의식을 바탕으로 가능한 것이고, 높은 시민의식은 시민들의 책 읽는 문화, 높은 리터러시에서 얻어진 것이다. 높은 리터러시는 어떻게 만들어지고 유지되는가? 열린 교육제도와 잘 갖춰진 도서관 서비스가 시민들을 촘촘하게 뒷받침하고 있다. 도서관이 키운 리터러시의 힘이 복지국가를 지탱하고 발전시키고 있는 것이다.

닫는 글

보편적 복지국가의 기반을 만드는 길

리터러시literacy를 우리는 문해력(文解力)이라는 단어로 사용한다. 글을 읽고 쓸 수 있는 능력을 말한다. 1950년대 이전에는 주로 '글을 읽고 쓸 줄 아는 능력'을 중시했다. 사람이 글을 읽고 쓸 줄 아는 것이 얼마나 중요한지 굳이 덧붙여 이야기할 필요는 없을 것이다.

우리는 문해교실에서 뒤늦게 글을 깨친 노인들이 말하는 회한과 환희에 대해 잘 알고 있다. 그렇지만 글을 깨쳤다고 문해력이 있다고 말할 수는 없다. 글을 읽을 수 있어도 뜻을 모른다면 글을 읽은들 무슨 소용이 있겠는가? 한글을 알아도 통용되는 말의 뜻을 모르면 소용이 없는 것이다.

송기숙의 소설 『자랏골의 비가』에 인상적인 대사가 나온다. 3.1만세운동이 전국으로 번질 무렵 읍내 장에 다녀온 사람들이 사랑방에 모여 앉아 이야기를 나눈다.

"그렁께 그 식자깨나 들었다고 앞에 나서는 잭인덜 말이여, 제미랄 놈들이 모도 나서서 일본놈을 쫓아내든가 말든가 하자고 할라면, 촌

놈들도 쪼깐 알아묵을 소리로 말을 해도 해사 쓰것 아니냔 말이여, 일이 이만저만해서 이러고저러고 한께, 느그덜도 다 나서사 일이 되겄다, 이로크롬 이약을 쪼깐 조근조근 해줘사 쓰것 아녀? 무식한 놈덜 귀에는 잔내비 경문 읽는 소리도 아니고, 도깨비 여울물 건너는 소리도 아닌디, 그런 소리로 백날 야지랑을 까봐야 먼 소용이여?"

일찍이 세종대왕께서 뜻을 펴지 못하는 백성들을 어여삐 여기시고, 문해력을 높이고자 훈민정음까지 만들었거늘 오백 년이 지난 뒤에도 그런 일이 계속되었는지 안타깝다.

현대에서는 문해력의 범위가 더 넓어졌다. 하루가 다르게 세상이 변하고, 사용하는 말들도 변한다. 글을 읽고 쓸 줄 알아도 무슨 말인지 모르는 단어들이 일상생활 속에 가득하다. 뜻을 모르면 글자를 안 보람도 없고, 문해력이 있다고 할 수도 없다. 그러니 문해력을 기르고 유지하기 위해서는 계속 읽어야 한다. 신문도 읽고, 책도 읽어서 시대의 흐름을 알아야 한다.

글을 모르는 사람은 '문맹'이라고 하고, 책을 안 읽는 사람은 '책맹'이라고 한다. 글을 읽을 줄 안다고 해도 책을 안 읽는다면 글을 모르는 것과 크게 다르지 않다. 미국의 저술가 마크 트웨인은 "읽지 않는 사람은 못 읽는 사람보다 나을 것이 없다"고 하였다. 잘 들어맞는 말이다.

2016년 미국 센트럴코네티컷주립대학 총장인 존 밀러가 이끄는 연구진은 세계 각국의 리터러시 수준을 랭킹화하여 세계의 주목을 받았다.*

밀러는 독특하게 리터러시 성취 평가와 함께 문해 활동 요소들을 조사하여 평가하였다. 도서관과 신문, 그리고 학교 교육과 컴퓨터 활용 등 실제 문해 행동이 이루어지는 요소와 그것을 지원하는 자원을 종합하여 평가한 것이다.

이 연구에서 종합적으로 가장 문해력이 높은 나라로 핀란드가 꼽혔다. 노르웨이, 아이슬란드, 덴마크, 스웨덴이 차례로 상위에 랭크되었다. 스위스가 6위, 미국이 7위, 캐나다는 17위, 프랑스는 12위, 영국은 17위였다.

읽기에 관한 자료만 평가했을 때는 매우 다른 결과가 나왔다. 싱가포르가 1위이고, 한국, 일본, 중국이 뒤를 이었다. 핀란드만이 한국과 같은 2위였다. 그렇지만 읽기 평가 외의 요소들을 종합하면 아시아권 국가들은 모두 25위 밖으로 밀려났다.

밀러는 "북유럽 국가들은 읽기를 중시하는 강력한 문화가 있다."라고 평가하고, "문해 행동이 우리의 미래를 규정하는 지식기반 경제에서 개인과 국가의 성공에 아주 중요하다."라고 결론지었다.

북유럽 복지국가는 어느 날 벌어진 혁명적인 사건으로 만들어진

---

* John W. Miller and Michael C. Mckenna, *World Literacy*, 2016, Routledge

것이 아니다. 누군가 만들어놓은 마스터플랜을 따라 계획적으로 만들어진 것도 아니다. 미국의 정치학자 셰리 버먼의 말대로 '정치가 우선하였지만', 정치가 전부는 아니었다.

복지국가를 만든 정치인들은 민주주의를 중시했고, 평등과 연대의 가치를 중시했다. 힘으로 밀어붙여 제도를 개혁하기보다는 같이 토론하고 설득하고 타협해서 이해관계자들을 참여시키는 가운데 차근차근 복지제도를 만들어나갔다. 그러니 무엇 하나 금방 되는 것은 없었다. 1920년대부터 시작한 중학교 과정 보통교육 실시 논의를 1960년에야 마무리할 정도였다. 그렇지만 후퇴하거나 갈팡질팡하지는 않았다. 꾸준히 앞으로 나아갔다.

그 과정에서 중요시했던 것이 바로 국민의 문해력이었고, 힘이 된 것도 국민의 높은 문해력이었다. 경제에 매진해서 배가 부른 다음에 문해력에 관심을 가진 것이 아니다. 처음부터 독서문화를 통해 국민의 문해력을 높이고, 국민과 소통하면서 국민이 주체적으로 사회의 주역으로 참여할 수 있게 하였다. 문해력, 지식 정보에의 접근을 중요시했기 때문에 그것에 격차가 벌어지지 않게 하는 것을 더욱 중요시했다.

제도 교육과 함께 성인학습을 중시했다. 학교를 졸업한 뒤에도 누구나 자신이 필요한 정보를 쉽게 접할 수 있게 하여 시민의식을 높이고, 기술을 보급하여 생산성을 높였다. 누구나 신분이나 민족, 지역,

경제 사정에 의해 차별받지 않고 자신이 원하는 정보에 접근할 수 있게 한다는 원칙을 일관되게 구현해왔다.

모든 국민이 도서관 서비스를 차별 없이 이용할 수 있게 하였다. 지역별로 고르게 공공도서관을 만들었고, 도서관을 짓기 어려운 곳은 이동도서관을 운영했다. 도서관은 누구나 이용하기 쉽도록 접근성을 중시하고, 장애물을 없앴다. 도서관 안에만 있지도 않았다. 도서관에 찾아오기 어려운 사람들에게 정보격차로 인한 구분, 차별이 생기지 않도록 아웃리치 서비스를 강화하였다. 정보통신의 급속한 발달로 인해 세대 간에, 지역 간에 정보격차가 발생하지 않도록 도서관을 중심으로 디지털 리터러시 교육을 강화하고 있다. 미디어의 다변화로 넘쳐나는 정보의 홍수 속에서 격차가 발생하지 않도록 미디어 리터러시 교육에도 많은 노력을 기울이고 있다.

높은 문해력은 공동체 의식으로 이어진다. 서로를 이해하고, 협력을 통해 더 좋고, 더 많은 것들을 만들어낼 수 있다는 것을 실천으로 보여준다. 국민연금처럼 평소에 조금 더 내면, 필요할 때 훨씬 더 많은 혜택을 받게 된다는 것을 알게 된다. 그런 경험이 쌓이면 공공에 대한 신뢰는 높아지고, 복지정책에 대한 지지가 높아진다. 세금을 많이 내는 것을 당연하게 생각한다.

높은 문해력은 상대방에 대한 존중으로 이어진다. 대화와 토론을 통해 다름을 이해하고, 인정하고, 존중하게 된다. 자신의 생각이나 규범을 다른 사람에게 주입하거나 강요하려고 싸우지 않는다. 문해력이 높은 사회는 개인과 공동체가 평화롭게 공존할 수 있다. 북유럽 사회는 개인주의가 팽배한 것으로 보이지만 가족을 중시하고, 공동체 활동을 중시한다. 개인이 행복하고, 공동체가 원활하게 돌아가는 사회가 곧 복지국가이다.

보편적으로 문해력이 높은 사회에서는 영웅을 기대하거나 지배자에게 매달리지 않는다. 모든 사람이 자기 생각과 자기 판단으로 사회의 구성원이 되고, 자기 역할을 한다. "영재 한 명이 10만 명을 먹여 살린다"는 식의 이야기는 통하지 않는다. 그 한 명의 영재를 만들기 위해 나머지 사람들이 숨을 죽이고 있어야 한다는 사고는 통하지 않는다. 모든 사람이 높은 문해력을 바탕으로 건전한 자기 역할을 하고, 서로 협력하여 먹거리를 만들고, 좋은 사회를 만들어나간다.

밀러 총장은 리터러시를 물과 같다고 하였다. "리터러시는 자체가 목적은 아니지만, 개인이 자신에게 중요한 목적을 이룰 수 있게 해준다. 물처럼 평소에는 그 중요성이 드러나지 않고, 사람들은 아무렇지도 않게 그것을 이용한다." 물이 결핍되면 생명이 유지되기 어렵듯이 리터러시가 결핍되면 사회가 유지되기 어렵다는 것이다.

현대의 복지정책은 어려움에 처한 사람을 도와주는 구휼이 아니라 보편적 지원을 통해 사람들이 어려움에 처하지 않도록 하고, 어려움에 처한 사람은 스스로 다시 자립할 수 있게 지원하는 사회안전망 만들기를 중시해야 한다.

그런 복지정책의 요체는 정보를 이해하고 판단하는 힘을 길러 민주시민 의식을 기르고(교육), 스스로 자존감을 회복하여 일어서고(자활), 변화하는 사회에 맞추어 자기의 역할을 찾고, 자존감을 지키는 노년을 보내고(노인복지, 시니어 일자리), 필요한 정보 접근을 통해 경력단절을 극복하고 사회에 참여하며(여성), 정보를 활용하여 물리적인 한계를 극복하는 역량을 길러주는(장애) 것이다.

그렇게 도서관은 모든 보편적 복지정책의 기반이 되는 플랫폼이 되어야 하는 것이다.

참고도서

『스칸디 부모는 자녀에게 시간을 선물한다』 황선준·황레나, 예담, 2013
『우리가 만나야 할 미래』 최연혁, 쌤앤파커스, 2012
『우리도 행복할 수 있을까』 오연호, 오마이북, 2014
『핀란드에서 찾은 우리의 미래』 강충경, 맥스, 2018
『정치가 우선한다』 셰리 버먼 지음, 김유진 옮김, 후마니타스, 2010
『복지국가 스웨덴』 신필균, 후마니타스, 2011
『도서관과 작업장 – 스웨덴, 영국의 사회민주주의와 제3의 길』 엔뉘 안데르손 지음, 장석준 옮김, 책세상, 2017
『비그포르스, 복지국가와 잠정적 유토피아』 홍기빈, 책세상, 2011
『스웨덴 사회민주주의』 신광영, 한울아카데미, 2015
『스웨덴이 사랑한 정치인, 올로프 팔메』 하수정, 후마니타스, 2013
『복지국가 전략 – 스웨덴 모델의 정치경제학』 미야모토 타로 지음, 임성근 옮김, 논형, 2011
『핀란드 교육혁명』 한국교육연구네트워크, 살림터, 2010
『노는 것부터 가르치는 이상한 나라』 윤성희, 고두미, 2017
『왜 그는 한국으로 돌아왔는가』 황선준, 살림터, 2019
『경쟁에서 벗어나 세계 최고의 학력으로, 핀란드 교육의 성공』 후쿠타 세이지 지음, 나성은·공영태 옮김, 북스힐, 2008
『나의 덴마크식 육아』 제시카 조엘 알렉산더·이벤 디싱 산달 지음, 이미정 옮김, 새로운발견, 2017
『북유럽인 이야기』 로버트 퍼거슨 지음, 정미나 옮김, 현암사, 2019
『행복을 배우는 덴마크 학교 이야기』 제시카 조엘 알렉산더 지음, 고병헌 옮김, 생각정원, 2019
『스웨덴의 저녁은 오후 4시에 시작된다』 윤승희, 추수밭, 2019
『덴마크식 행복육아』 박미라, 북랩, 2017

『에르끼 아호의 핀란드 교육개혁 보고서』 에르끼 아호 외 2인, 김선희 옮김, 한울림, 2010
『Tradition and Change in Swedish Education』 Leon Boucher, Pergamon Press, 1981
『World Literacy - How Countries Rank and Why it matters』, John W. Miller and Michael C. McKenna, Routledge, 2016
『The Swedish Story – From extreme experiment to normal nation』 Jan Sjunnesson, 2013
『Literacy and social development in the West』 Edited by Harvey J. Graff, Cambridge University Press, 1981.
『Sweden's Development From Poverty to Affluence, 1750-1970』 Edited by Steven Koblik, Minnesota. 1975
『The Politics of Compromise – A Study of Parties and Cabinet Government in Sweden』 Dankwart Alexander Rustow, Princeton University Press, 1955.
『Reforming the Welfare State – Recovery and Beyond in Sweden』 Edited by Richard B. Freeman, The University of Chicago Press, 2009
『Finnish Public Libraries in the 20th Century』 Edited by Ilkka Mäkinen, Tampere University Press, 2001

『読書を支える-スウェーデンの公共図書館』吉田右子 外, 新評論, 2012
『デンマークのにぎやかな公共図書館』吉田右子, 新評論, 2010
『文化を育むノルウェーの図書館』吉田右子 外, 新評論, 2013
『学力世界一を支えるフィンランドの図書館』西川馨 編著, 教育史料出版会, 2008
『オランダ・ベルギーの図書館』西川馨 編, 教育史料出版会, 2004
『図書館がまちを変える』, 福留 強, 東京創作出版, 2013.
『ささえあう図書館-社会装置としての新たなモデルと役割』青柳英治, 勉誠出版, 2016
『つながる図書館』猪谷千香, ちくま新書, 2015

『本の寺子屋が地方を創る-尻市立図書館の挑戦』東洋出版, 2016
『図書館がまちを創る-武雄市立図書館という挑戦』NEKO PUBLISHING CO. 2013
『デンマークが世界で一番幸せな10の理由』Malene Rydahl, サンマーク出版, 2015
『物語スウェーデン史』, 武田龍夫, 新評論, 2003
『スウェーデンの政治-実験国家の合意形成型政治』岡沢憲芙, 東京大学出版会, 2009
『スウェーデン スペシャル-高福祉高負担政策の背景と現状』藤井威, 新評論, 2004
『スーパーモデル・スウェーデ-変容を続ける福祉国家』渡邉芳樹, 法研, 2013

Articles

「The libraries' role in the development of democratic societies」Varda Briviba Cenzura, Bibliotekas, Riga 1998

「Public Libraries, Citizens and the Democracy」John Blewitt, Power and Education Volume 6 Number 1 2014.

「Public Libraries in the Nordic States – developing democracy through promotion of reading」Maja Chacińska

「Swedish libraries: An overview」Barbro Thomas, SAGE, 2010.

「Special Eurobarometer 399, Cultural Access and Participation」, 2013

「Study Circles in Sweden - An Overview with a Bibliography of International Literature」Staffan Larsson & Henrik Nordval, Linköping University Electronic Press

「From Volunteers to Professionals: The Origin and Development of Public Librarianship in Sweden during the 20th Century」Magnus Torstensson, World Library and Information Congress : 76th IFLA General Conference and Assembly.

「Workers and Libraries – A Question of Class in Public Library Development in Sweden」Magnus Torstensson

「Böcker på bruket - Sandvikens bibliotekshistoria 1865–1945」Stefan Petrini,

Högskolan Borås.
「A brief overview of Dutch library history」 Paul Schneiders, Bussum, Netherlands
「The Finnish library system – open collaboration for an open society」 Kimmo TuominenJyva, Jarmo Saarti.
「The Past and Present of the Finnish Library Strategy - Strategies guide Finnish public libraries through societal changes」 KIRSTI KEKKI
「Main factors behind the good PISA - reading results in Finland」 Pirjo Sinko, Finnish National Board of Education, 2012.
「Finland as a Knowledge Economy - Elements of Success and Lessons Learned」 Edited by Carl J. Dahlman Jorma Routti Pekka Ylä-Anttila, World Bank Institute, 2006
「The Rehn-Meidner model in Sweden: its rise, challenges and survival」 Lennart Erixon, Department of Economics, Stockholm University, 2006.
「Solidarity Wage Policies and Industrial Productivity in Sweden」 Douglas A. Hibbs, Jr. Håkan Locking, 1995
「Self-regulation versus State Regulation in Swedish Industrial Relations」 Kjellberg, Anders, Lund University, 2017.
「Managing the Welfare State: Lessons from Gustav Möller」 Bo Rothstein, University of Lund, 1985

인터넷 사이트
국제도서관연맹 IFLA ifla.org
덴마크 새로운 도서관 modelprogrammer.slks.dk
아트보스 프로젝트 사이트 includi.com
핀란드 도서관 kirjasto.fi
헬싱키 도서관 네트워크 helmet.fi
오디 헬싱키 중앙도서관 oodihelsinki.fi

스웨덴 왕립도서관 kb.se

스톡홀름 시립도서관 biblioteket.stockholm.se

스톡홀름 쿨투어후셋 도서관 kulturhusetstadsteatern.se/bibliotek

유니바켄 Junibacken.se

아스트리드 린드그렌 월드 alv.se

말뫼시립도서관 malmo.se/stadsbiblioteket

덴마크 왕립도서관(블랙다이아몬드) kb.dk

코펜하겐시립도서관 bibliotek.kk.dk

회어셜름도서관 trommen.dk

쿨투어베아프트 kuto.dk

바일레도서관 vejlebib.dk

헤아닝시립도서관 herningbib.dk

오르후스시립도서관 DOKK1 dokk1.dk

예링시립도서관 hjbib.dk

오슬로중앙도서관(Deichman Bjørvika) deichman.no/bibliotekene

비블리오퇴인(Deichman Biblo Tøyen) deichman.no/bibliotekene/biblo-tøyen

모든 것은 도서관에서 시작되었다

ⓒ 윤송현 2022

1판 1쇄 발행 2022년 1월 24일
1판 5쇄 발행 2025년 8월 20일

지은이	윤송현
펴낸이	한기호
편집	서정원, 박예슬, 송원빈, 이선진
교정	정일웅
본부장	여문주
마케팅	윤병일, 신세빈
경영지원	김윤아
디자인	이성호
인쇄	예림인쇄
펴낸곳	(주)학교도서관저널
출판등록	제2009-000231호(2009년 10월 15일)
주소	04029 서울시 마포구 동교로 12안길 14(서교동) 삼성빌딩 A동 3층
전화	02-322-9677
팩스	02-6918-0818
전자우편	slj9677@gmail.com
홈페이지	www.slj.co.kr

ISBN 978-89-6915-122-3 (03300)
책값은 뒤표지에 있습니다